Kamran Musayev

# DIE POSTSOWJETISCHE TRANSFORMATION IM BALTIKUM UND SÜDKAUKASUS

## Eine vergleichende Untersuchung der politischen Entwicklung Lettlands und Aserbaidschans 1985-2009

Mit einem Vorwort von Leonid Luks
Ediert von Sandro Henschel

*ibidem*-Verlag
Stuttgart

**Bibliografische Information der Deutschen Nationalbibliothek**
Die Deutsche Nationalbibliothek verzeichnet diese Publikation in der Deutschen Nationalbibliografie; detaillierte bibliografische Daten sind im Internet über http://dnb.d-nb.de abrufbar.

**Bibliographic information published by the Deutsche Nationalbibliothek**
Die Deutsche Nationalbibliothek lists this publication in the Deutsche Nationalbibliografie; detailed bibliographic data are available in the Internet at http://dnb.d-nb.de.

Gleichzeitig: Abschlussarbeit zur Erlangung des akademischen Grades eines Master of Arts in den Internationalen Beziehungen (MIB) der Katholischen Universität Eichstätt-Ingolstadt.

Danksagung: Ich bin insbesondere Prof. Dr. Leonid Luks für die Betreuung der Masterarbeit, die diesem Buch zugrunde liegt, sowie Dr. Uwe Halbach und Sandro Henschel für deren kompetente und geduldige Hilfe bei der Vorbereitung dieser Studie zur Publikation verpflichtet. Ich bedanke mich ebenfalls herzlich bei Ewa Gabrys, Ellen Puschwitz und Elena Bernert für deren aktive Mitarbeit bei der Korrektur und Verbesserung der sprachlichen Qualität dieses Textes. Ebenso von großer Hilfe war der Bericht des anonymen Gutachters der Buchreihe SPPS. Für verbleibende Fehler und Fehlinterpretationen bin ich allein verantwortlich.

*Umschlagbild:* Massendemonstration in Baku 1988 © Rasim Sadixov, http://www.azpress.az.

∞

Gedruckt auf alterungsbeständigem, säurefreien Papier
Printed on acid-free paper

ISSN: 1614-3515

ISBN-10: 3-8382-0103-5
ISBN-13: 978-3-8382-0103-0



Printed in Germany

**Soviet and Post-Soviet Politics and Society (SPPS)** **Vol. 97**
**ISSN 1614-3515**

# Soviet and Post-Soviet Politics and Society (SPPS)

ISSN 1614-3515

Founded in 2004 and refereed since 2007, SPPS makes available affordable English-, German- and Russian-language studies on the history of the countries of the former Soviet bloc from the late Tsarist period to today. It publishes approximately 15-20 volumes per year, and focuses on issues in transitions to and from democracy such as economic crisis, identity formation, civil society development, and constitutional reform in CEE and the NIS. SPPS also aims to highlight so far understudied themes in East European studies such as right-wing radicalism, religious life, higher education, or human rights protection. The authors and titles of all previously published manuscripts are listed at the end of this book. For a full description of the series and reviews of its books, see www.ibidem-verlag.de/red/spps.

**Note for authors (as of 2009)**: After successful review, fully formatted and carefully edited electronic master copies of up to 250 pages will be published as b/w A5 paperbacks and marketed in Germany (e.g. vlb.de, buchkatalog.de, amazon.de) and internationally (e.g. amazon. com). For longer books, formatting/editorial assistance, different binding, oversize maps, coloured illustrations and other special arrangements, authors' fees between €100 and €1500 apply. Publication of German doctoral dissertations follows a separate procedure. Authors are asked to provide a high-quality electronic picture on the object of their study for the book's front-cover. Younger authors may add a foreword from an established scholar. Monograph authors and collected volume editors receive two free as well as further copies for a reduced authors' price, and will be asked to contribute to marketing their book as well as finding reviewers and review journals for them. These conditions are subject to yearly review, and to be modified, in the future. Further details at www.ibidem-verlag.de/red/spps-authors.

**Editorial correspondence & manuscripts** should, until 2011, be sent to: Dr. Andreas Umland, ZIMOS, Ostenstr. 27, 85072 Eichstätt, Germany; e-mail: umland@stanfordalumni.org

**Business correspondence & review copy requests** should be sent to: ***ibidem***-Verlag, Julius-Leber-Weg 11, D-30457 Hannover, Germany; tel.: +49(0)511-2622200; fax: +49(0)511-2622201; spps@ibidem-verlag.de.

**Book orders & payments** should be made via the publisher's electronic book shop at: www.ibidem-verlag.de/red/SPPS_EN/

**Authors, reviewers, referees, and editors** for (as well as all other persons sympathetic to) SPPS are invited to join its networks at www.facebook.com/group.php?gid=52638198614
www.linkedin.com/groups?about=&gid=103012
www.xing.com/net/spps-ibidem-verlag/

**Recent Volumes**

88 *Thomas Borén*
Meeting-Places of Transformation
Urban Identity, Spatial Representations and Local Politics in Post-Soviet St Petersburg
ISBN 978-3-89821-739-2

89 *Aygul Ashirova*
Stalinismus und Stalin-Kult in Zentralasien
Turkmenistan 1924-1953
Mit einem Vorwort von Leonid Luks
ISBN 978-3-89821-987-7

90 *Leonid Luks*
Freiheit oder imperiale Größe?
Essays zu einem russischen Dilemma
ISBN 978-3-8382-0011-8

91 *Christopher Gilley*
The 'Change of Signposts' in the Ukrainian Emigration
A Contribution to the History of Sovietophilism in the 1920s
With a foreword by Frank Golczewski
ISBN 978-3-89821-965-5

92 *Philipp Casula, Jeronim Perovic (Eds.)*
Identities and Politics During the Putin Presidency
The Discursive Foundations of Russia's Stability
With a foreword by Heiko Haumann
ISBN 978-3-8382-0015-6

93 *Marcel Viëtor*
Europa und die Frage nach seinen Grenzen im Osten
Zur Konstruktion ‚europäischer Identität' in Geschichte und Gegenwart
Mit einem Vorwort von Albrecht Lehmann
ISBN 978-3-8382-0045-3

94 *Ben Hellman, Andrei Rogachevskii*
Filming the Unfilmable
Casper Wrede's 'One Day in the Life of Ivan Denisovich'
ISBN 978-3-8382-0044-6

95 *Eva Fuchslocher*
Vaterland, Sprache, Glaube
Orthodoxie und Nationenbildung am Beispiel Georgiens
Mit einem Vorwort von Christina von Braun
ISBN 978-3-89821-884-9

96 *Vladimir Kantor*
Das Westlertum und der Weg Russlands
Zur Entwicklung der russischen Literatur und Philosophie
Ediert von Dagmar Herrmann
Mit einem Beitrag von Nikolaus Lobkowicz
ISBN 978-3-8382-0102-3

*Für die Wiederbelebung der Demokratie meiner Nation*

# Inhalt

# Vorwort

Die Transformationsprozesse auf dem Gebiet der ehemaligen Sowjetunion nach der Wende von 1991 vollziehen sich in den einzelnen Staaten der Region jeweils mit unterschiedlichem Erfolg. In einigen Ländern haben sich die politischen und wirtschaftlich-sozialen Strukturen bereits weitgehend an die „europäische Norm" angeglichen, was ihre Aufnahme in die EU ermöglicht hat; andere Staaten kehren zu traditionellen patriarchalischen Herrschaftsstrukturen zurück, während eine dritte Ländergruppe sich zwischen diesen beiden Polen bewegt. Insbesondere betrifft dies solche Länder wie Georgien und die Ukraine, die infolge der „farbigen Revolutionen" einen zusätzlichen Demokratisierungsschub erlebt haben (oder zumindest zur erleben schienen).

Worauf kann man diese unterschiedlichen Transformationsszenarien im postsowjetischen Raum zurückführen? Der Beantwortung dieser Frage ist die vorliegende Arbeit gewidmet.

Der Autor befaßt sich mit zwei Staaten, die sich nach 1991 in unterschiedliche Richtungen entwickelt haben: Lettland und Aserbaidschan. Er versucht die Gründe für diese Unterschiede zu rekonstruieren und konzentriert sich dabei vor allem auf zwei Faktoren, die den jeweiligen Transformationsprozeß entscheidend prägten: die jeweilige politische Kultur und die externen Akteure.

Musayev hebt hervor, dass die Ausgangssituation Aserbaidschans beim Nation-Building-Prozess, der für viele Transformationsforscher zu den zentralen Voraussetzungen für eine erfolgreiche Transformation zählt, auf dem ersten Blick günstiger als diejenige Lettlands war:

> Zu sowjetischen Zeiten konnten sich alle drei südkaukasische Staaten [auch Aserbaidschan] viel erfolgreicher [als Lettland] gegen die Einmischungen Moskaus abschirmen. [...] Die Machtelite im Südkaukasus war viel [...] erfolgreicher in der Erringung offizieller Anerkennung der nationalen Sprachen als im Baltikum. [Nur] die Verfassungen der drei südkaukasischen Republiken bekamen die Bestimmung, daß die jeweilige Sprache auf dem Territorium der Republik Staatssprache ist.

Nicht zuletzt deshalb betrachtete man in Aserbaidschan die postsowjetische Entwicklung eher als Kontinuität zur Sowjetzeit; für Lettland hingegen war es ein gänzlicher Bruch:

> Während die lettischen Nationalisten die *Nation* als etwas beschrieben, das noch im Werden begriffen ist [...], betrachteten ihre aserbaidschanischen Kollegen die *Nation* als etwas, das man schlüsselfertig aus der Vergangenheit übernehmen könnte, als etwas, das tief eingebettet sei in den traditionellen Zügen der aserbaidschanischen Gesellschaft.

Dieses Kontinuitätsdenken führte aus der Sicht des Verfassers letztendlich zum Scheitern des demokratischen Erneuerungsversuchs, den der Vorsitzende der Volksfront Eltschibey zwischen 1992 und 1993 unternahm und zur Rückkehr der alten, noch in der Sowjetzeit entstandenen Eliten unter Heydär Alijew an die Macht.

Dass in Lettland eine vergleichbare Restauration der alten Strukturen nicht stattfand, erklärt der Autor nicht nur durch den bereits Ende der 80er Jahre vollzogenen Bruch mit dem sowjetischen Erbe. Eine weitere Erklärung hierfür stellt für ihn die Tatsache dar, dass Lettland auf die Erfahrung einer zwanzigjährigen unabhängigen Staatlichkeit in der Zwischenkriegszeit zurückblicken konnte. In Aserbaidschan hingegen, so der Autor, war die Erinnerung an die kurze Unabhängigkeit von 1918 bis 1920 schon weitgehend erloschen. So konnte sie beim Aufbau der neuen Staatlichkeit keine prägende Wirkung entfalten.

Der Autor führt die Tatsache an, dass die Demokratisierungsprozesse in Lettland reibungsloser als in Aserbaidschan verlaufen, nicht nur auf Unterschiede im Bereich der politischen Kultur, sondern auch auf die unterschiedlichen geopolitischen Konstellationen beider Länder zurück. Er stützt sich dabei auf mehrere Transformationsforscher, die darauf hinweisen, dass „die Chancen für eine Stabilisierung demokratischer Systeme um so höher sind, je demokratischer die Nachbarstaaten und die Regionalmächte sind.“ Insofern unterscheidet sich die Lage Lettlands diametral von derjenigen Aserbaidschans:

> Alle baltischen Länder befinden sich in Gebieten, die der mittelbaren Einflusssphäre der USA (NATO) oder der demokratischen Regionalhegemone (EU) zugeordnet werden müssen [...Die] Abwesenheit demokratischer Regionalmächte [im Südkaukasus hingegen sorgt] dafür, daß es keine ‚mächtigen' Staaten gibt, die ein besonderes Interesse an der Errichtung [...] demokratischer Strukturen in Aserbaidschan haben.

Das Buch beeindruckt durch innovative Ansätze, ein hohes Reflexionsniveau und die Fähigkeit des Autors, souverän seinen Standpunkt zu vertreten.

*Leonid Luks*
Eichstätt im November 2009

# 1 Einleitung

Die demokratische Revolution ist ein universelles Phänomen, dem sich auf Dauer keine Gesellschaft entziehen kann. Dies ist die geschichtsphilosophische Grundmelodie, die sich in wiederkehrenden Modulationen durch Alexis de Tocquevilles *Über die Demokratie in Amerika* zieht (Tocqueville 1987: 30). Das Erkenntnisinteresse dieser zunächst als Masterarbeit verfassten Studie ist es, die unterschiedlichen Transformationsprozesse sowie deren Bestimmungsfaktoren im Baltikum und im Südkaukasus am Beispiel Lettlands und Aserbaidschans herauszuarbeiten. Oft sind es Geographie und Geschichte, die die Identität eines Landes ausmachen. Darin liegt auch die Besonderheit sowohl der baltischen als auch der südkaukasischen Staaten in ihrem vormaligen Status als Grenzstaaten des russischen bzw. sowjetischen Reiches. Das historische Trauma, das die koloniale Präsenz Russlands hinterlassen hat, wie auch ihre Verletzbarkeit angesichts der politischen und wirtschaftlichen Macht Russlands haben die baltischen und südkaukasischen Nationen dazu veranlasst, sich füreinander zu interessieren.

Das Baltikum und der Südkaukasus sind zwei geographisch getrennte, aber geschichtlich verbundene Regionen. Zunächst einmal könnte man denken, dass es zwischen diesen kleinen Ländern, an der süd- und nordöstlichen Grenze Europas gelegen und durch tausend Kilometer voneinander getrennt, historisch gesehen wenige Beziehungen gibt. Paradoxerweise ist das nicht der Fall, und die besonderen Kontakte bestehen bereits relativ lange. Vom Beginn des 19. Jahrhundert bis 1918 gehörten beide Regionen zum Russischen Zarenreich. Nach der ersten Unabhängigkeitserklärung der Staaten setzte sich die Zusammenarbeit fort. Der Litauer Sulejman (Maciej) Sulkiewicz half 1919-1920 bei der Gründung der Armee der Aserbaidschanischen Demokratischen Republik und wurde von der damaligen Regierung zum Vorsitzenden des Militärstabs der aserbaidschanischen Armee ernannt (Jakubauskas 2008: 10-12).

Die baltischen Staaten wurden 1920 international anerkannt und traten dem Völkerbund bei. Die militärische Intervention der Sowjets scheiterte 1919 in den baltischen Ländern; im Südkaukasus hingegen waren sie zwischen 1920 und 1921 erfolgreich, weshalb die dortigen Länder nicht den gleichen Status im Völkerbund erlangen konnten wie die baltischen Staaten. Der wichtigste Grund für die unterschiedlichen politischen Entwicklungen im Baltikum und im Südkaukasus ist in der Geschichte und der rechtlichen und internationalen Situation der betreffenden Länder zu suchen. Als die Sowjetunion 1940 die baltischen Staaten besetzte, nachdem das sowjetische Russland sie 1920 als souveräne Staaten anerkannt hatte, wurde dieses Vorgehen von der internationalen Gemeinschaft als eine Aggression und unrechtmäßige Annexion betrachtet, was im Südkaukasus zuvor so nicht der Fall war. Nach der Okkupation der baltischen Länder durch die Sowjetunion 1940 lebten die Völker beider Regionen bis zum Zusammenbruch des Regimes unter einem staatlichen Dach.

Die zentrale Frage dieser Untersuchung ist: Was sind die Ursachen für die zwar zunächst ähnlich begonnenen, aber in ihrem anschließenden Verlauf und Ergebnis grundverschiedenen Transformationen in Lettland und Aserbaidschan? In vieler Hinsicht ist die Antwort offensichtlich: die erwähnte Verschiedenheit in der neuesten Geschichte, besonderen Kultur und geographischen Lage der beiden Länder erklärt auch die Unterschiede in der postsowjetischen Entwicklung beider Nationen. Obwohl diese Faktoren, wie später in dieser Arbeit gezeigt wird, tatsächlich zu einem hohen Maße die Abweichungen im Prozess sowie Resultate des Systemwechsels in diesen beiden Staaten erklären, wäre diese Interpretation als solche zu kurz gegriffen. Nicht nur gab es weitere relevante Aspekte des Transformationsverlaufs, die zum Verständnis der Spezifik der Transitionen in Lettland und Aserbaidschan beitragen. Auch wäre simpler Geschichts-, Kultur- oder Geodeterminismus kaum ausreichend, um eine voll befriedigende Antwort auf die Frage zu geben, warum Lettland heute demokratisch, Aserbaidschan jedoch autokratisch ist. Mit einem solchen Ansatz ließe sich nur schwer erklären, warum heute nicht nur Europa und viele seiner ehemaligen Kolonien demokratisch sind, sondern auch solche Staaten, wie die Türkei, Taiwan oder Japan relativ konsolidierte und liberale Demokratien darstellen. Anders ausgedrückt: Aserbaidschan hatte und hat, trotz seiner schwierigen Vergangenheit und Lage, durchaus eine realistische Chance, demokratisch zu werden. Warum in meinem Heimatland diese Möglichkeit bisher nicht genutzt wurde, will ich vor dem Hintergrund der lettischen Erfahrungen zu erklären versuchen.

In dem der Einleitung folgenden zweiten Kapitel werden theoretischer Rahmen dieser Arbeit und die zentralen Begriffe definiert. Breite Übereinstimmung herrscht in der Transformationsforschung darüber, dass die demokratische Transformation eines Staates analytisch in drei Phasen zu unterteilen ist: die Liberalisierungsphase, die Demokratisierungs- oder Institutionalisierungsphase und die Konsolidierungsphase. Im Hinblick auf die Konsolidierungsphase besteht über die exakten Voraussetzungen, Indikatoren und Faktoren hierfür in der Politikwissenschaft jedoch keine Einigkeit. Aufgrund dessen wird die Darstellung der vier anerkannten Konsolidierungskonzepte im dritten Kapitel separat diskutiert.

Im vierten Kapitel der Arbeit wird versucht die Rolle der Nation und Bildungselite in Lettland und Aserbaidschan bei der Interpretation der Geschichte sowie des Nation- und State-Building zu analysieren. Während sich die Letten mit ihrer Geschichte kritisch auseinandersetzen und nach dem Grund dafür suchen, dass Eigenstaatlichkeit in der Vergangenheit weder konsolidiert noch erfolgreich verteidigt werden konnte und sie die Staats- und Nationsbildung durch die Verbindung zwischen Staat und Gesellschaft definieren, bleiben die Aserbaidschaner (Aseris) der Tradition einer ungebrochenen Kontinuität mit ihrer Geschichte verbunden (vgl. Christophe 2002: 1217-1234).

Das darauf folgende Kapitel umfasst die Liberalisierungsphase in beiden Staaten und ihren gleichzeitigen Start in den Wandel. Die Voraussetzung für eine eigenständige Transformationspolitik in Lettland und Aserbaidschan war die Wiederherstellung ihrer nationalen Souveränität und der Austritt aus der Sowjetunion. Dieser wäre ohne die sich zuspitzende Systemkrise der Sowjetunion Ende der achtziger Jahre nicht möglich gewesen.

Das sechste Kapitel bildet das „Herzstück“ der vorliegenden Arbeit. Nach der internationalen Anerkennung ihrer Unabhängigkeit war für Lettland und Aserbaidschan der Neuaufbau der eigenen Staatlichkeit die vorrangigste Aufgabe. Die baltischen Staaten sind in gewisser Hinsicht die einzigen ehemaligen Sowjetrepubliken mit einer historisch unabhängigen Staatlichkeit und einer parlamentarischen Demokratie in der Zwischenkriegszeit. Die Zeit der „Ersten Republik“ in Lettland ist der Bevölkerung im Bewusstsein geblieben. Im Fall Aserbaidschans bildete die „Erste Republik“ (1918-1920) mit ihren demokratischen Ansätzen wohl eine zu kurze Episode, um über Generationen hinweg im Gedächtnis der Bevölkerung verankert zu sein.

Bei der Suche nach Modellen für ein zu schaffendes politisches System kann sich eine Gesellschaft auf zwei Orientierungspunkte beziehen. Der erste liegt in der eigenen, positiv besetzten Vergangenheit, auf die man zurückgreifen kann. Ein typisches Beispiel hierfür war die Orientierung an der demokratischen Zwischenkriegsverfassung in Lettland nach dem Zusammenbruch der kommunistischen Herrschaft. Der zweite Bezugspunkt sind vergleichbare historische Situationen in anderen Ländern und die dort vorgefundenen institutionellen Problemlösungen. Haben die Staaten keine positiv oder negativ besetzten Orientierungspunkte in ihrer eigenen Vergangenheit, rückt die Bezugnahme auf ähnlich gelagerte historische Situationen im Ausland in den Vordergrund.

Das siebte Kapitel bildet einen Überblick über den Um- und Neubau der Institutionen zur Schaffung der organisatorischen Grundlagen für die Transformation. Im vorliegenden Fall bedeutet dies die fundamentale Umgestaltung sozialistischer Pseudostaatlichkeit der beiden untersuchten Länder. Die Entstehung politischer Institutionen ist in der Transformationsforschung als wichtiger Moment im Prozess der Demokratisierung anerkannt. Abschließend wird in diesem Kapitel analysiert, warum sich mit Ausnahme des Baltikums, Aserbaidschan und alle anderen GUS-Staaten zu einem Raum entwickelt haben, in dem die Systemtransformation in Richtung Demokratie und Rechtsstaatlichkeit bislang als gescheitert betrachtet werden kann und stattdessen autoritäre bzw. „hybride" Systeme etabliert wurden.

Im letzten Kapitel geht es darum die Frage zu beantworten, welcher Zusammenhang zwischen Demokratisierung, Stabilisierung der Demokratie und internationaler Politik besteht. Daraufhin wird der Wahrheitsgehalt der These überprüft, ob die Chancen für eine Stabilisierung demokratischer Systeme umso höher sind, je demokratischer die Nachbarstaaten und die regional relevanten Mächte sind. Demokratische Staaten haben ein Interesse daran, über die Stabilisierung von Demokratien in ihrem unmittelbaren geographischen Umfeld die Konflikte in diesen Regionen zu minimieren. Somit hängt die Frage nach den Gründen für den Erfolg bzw. Misserfolg der Demokratisierung von Staaten auch von deren regionalen Nachbarschaften ab.

Abschließend sollen die Ursachen und Zusammenhänge bezüglich der Tatsache dargestellt werden, dass die baltischen Staaten als einzige ehemalige

Sowjetrepubliken sowohl der EU als auch der NATO beigetreten sind, sowie die Gründe der „steckengebliebenen" Demokratisierung Aserbaidschans näher beleuchtet werden.

# 2 Theorien und Konzepte der vergleichenden Transformationsforschung

Um die Gemeinsamkeiten und Unterschiede der Transformationsprozesse in Lettland und Aserbaidschan zu verdeutlichen, ist es notwendig zunächst auf einige theoretische Grundfragen einzugehen. In der Transformationsforschung wird zwischen akteurs- und systembezogenen Ansätzen unterschieden. Die in den fünfziger und sechziger Jahren entwickelte Systemtheorie bzw. ihre unterschiedlichen Theoriestränge stellen vor allem die systemimmanenten und makrosoziologischen Bedingungen eines Systemwechsels in den Vordergrund und konzentrieren sich auf die strukturellen Voraussetzungen einer Demokratie (Sticht 2006: 49).

Mit der von Guillermo O'Donnell und Phillipe C. Schmitter herausgegebenen Studie *Transitions from Authoritarian Rule*, die die Resultate eines mehrjährigen Forschungsprojektes über Demokratisierungsprozesse zusammenfasst, hat sich ein akteurstheoretischer Ansatz als neue Richtung der vergleichenden Demokratisierungsforschung etabliert (Bos 1996: 81). Wie die Bezeichnung „Akteurstheorie" bereits impliziert, misst diese Theorie dem strategischen Handeln der Akteure eine zentrale Bedeutung bei. Die Bedeutung struktureller Faktoren wie politische Kultur oder Wirtschaft wird von dem akteursorientierten Ansatz nicht direkt bzw. nur an zweiter Stelle einbezogen. Sie werden jedoch als Kontext begriffen, in denen die Entscheidungen und Handlungen der Akteure eingebunden sind, die jedoch das Resultat von politischen Prozessen nicht von vornherein festlegen (Bos 1996: 81; O'Donnell/Schmitter 1986: 4ff). Die akteursorientierte Transformationsforschung konzentriert sich auf die Akteure, d.h. die Individuen und Gruppen, die den Transformationsprozess in Gang setzen und gestalten. Die Ziele, Interessen, Präferenzen, Wahrnehmungen, Entscheidungen, Strategien und das Verhalten der herrschenden Eliten und oppositionellen Kräfte werden als entscheidende Variablen in Transformationsprozessen betrachtet (Bos 1996: 87; Beyme 1996: 158-162; Merkel 1995: 30-58).

Theorienentwicklungen folgen wissenschaftliche Konjunkturzyklen. Es besteht kein Zweifel daran, dass die großen Paradigmen sozialwissenschaftlicher Theorienbildung des „Systems“ und „Akteurs“ auch die Transformationsforschung maßgeblich beeinflusst haben. Nach dem Zusammenbruch des Ostblocks trat eine Auseinandersetzung mit den Ursachen, Bedingungen und Modellen der Konsolidierung neuer Demokratien in den Vordergrund. Die Bestimmungsfaktoren, Zusammenhänge und Prozesse der demokratischen Transformationen in Mittel- und Osteuropa konnten nicht allein durch die Betrachtung von Makrovariablen begründet werden. Für umfassende Analysen reichten sie nicht aus, sondern mussten durch andere theoretische Ansätze ergänzt werden. Auch war deutlich geworden, dass etwa System- und Akteurstheorien unterschiedliche Analyseobjekte und -schwerpunkte, sowie dementsprechend auch eine jeweils verschiedene Analysekraft enthielten. Im vergangenen Jahrzehnt wurde daher auch angesichts der Komplexität des Transformationsphänomens verstärkt dafür plädiert, dass nur durch eine Integration der unterschiedlichen Theoriestränge das Phänomen einer erfolgreichen Transformation sinnvoll erklärt werden kann (Sticht 2006: 49-50; Croissant 2002: 9; Sandschneider 1996: 40-42; Merkel 1999: 107f).

In der Transformationsforschung werden verschiedene Begriffe wie zum Beispiel Systemwandel, Systemwechsel oder Transition gebraucht, die den Übergang von einem Regime- oder Systemtypus zu einem anderen beschreiben. Im Folgenden soll der Begriff „Transformation“ als Oberbegriff für alle Formen, Zeitstrukturen und Aspekte des Systemwandels und Systemwechsels benutzt werden. Er schließt Regimewandel, Regimewechsel, Systemwandel, Systemwechsel oder Transition mit ein (Merkel 1999: 74-76).

Die analytische Unterteilung der Transformation eines Staates in eine Liberalisierungs-, Demokratisierungs- und Konsolidierungsphase gründet sich auf O'Donnell und Schmitter, die in der Studie *Transitions from Authoritarian Rule* die drei Phasen eines Systemwechsels von Autokratie hin zu Demokratie am klarsten herausgearbeitet haben (O'Donnell/Schmitter 1986: 6ff). Von der Transformationsforschung, die sich auf postsozialistische Entwicklungen bezieht, wurde die Phaseneinteilung überwiegend übernommen (Bos 1996: 85f; Merkel 1999: 120). Tatsächlich lassen sich diese Phasen aber nicht immer voneinander abgrenzen: Liberalisierung und Demokratisierung finden beispielsweise nicht unbedingt nacheinander, sondern häufig synchron statt (Merkel 1999: 120; Rüb 1996: 115; Bos 1996: 86-87).

## 2.1 Die Liberalisierung

Liberalisierung wird hier im engeren Sinne als ein Versuch der herrschenden Eliten verstanden, kontrollierte Öffnungen des autoritären Systems durchzuführen, ohne – zumindest zunächst – die bestehenden Machtverhältnisse zu verändern (Bos 1996: 85). Auf individueller Ebene umfasst dies unter anderen die Gewährleistung von Grundfreiheiten und Menschenrechten wie der Rede- und Organisationsfreiheit, öffentliche und faire Gerichtsverfahren, sowie das Recht auf Verteidigung. Für soziale und politische Gruppierungen bedeutet dies beispielsweise die Straffreiheit für abweichende Meinung, Lockerung oder völlige Abschaffung der Zensur und Vereinigungsfreiheit.
Der Bevölkerung werden partiell bestimmte bürgerliche Freiheitsrechte, wie der Freiheit auf Meinungsäußerung oder dem Schutz der Privatsphäre und der Wohnung eingeräumt. Dennoch bleibt das politische System für alternative und konkurrierende Akteure nach wie vor verschlossen. Entscheidend bleibt, dass die politischen oder militärischen Machthaber weiterhin den gesamten politischen Prozess kontrollieren. Eine darüber hinausgehende, effektivere und breitere Partizipation des Volkes an politischen Entscheidungsprozessen wird nicht gewährleistet (Przeworski 1991: 59; Bos 1996: 85; Rüb 1996: 114-115).
Die herrschenden Eliten sind in Liberalisierungsphasen zu Zugeständnissen bereit, da sie eine Gefahr für die Existenz ihres autoritären Regimes erkannt haben. Für die Krise oder das Ende einer Autokratie oder Oligarchie lassen sich keine allgemeingültigen Gründe und Ursachen finden. Die Erfahrung zahlreicher Systemwechsel zeigt aber, dass häufig Strukturveränderungen und Probleme im wirtschaftlichen, sozialen und politischen Bereich zu Erschütterungen autoritärer Systeme geführt haben. Hinzu kam zumeist die wachsende Aktivität verschiedener alternativer Akteure, wie etwa Regimekritiker, Oppositionsparteien oder Bürgerinitiativen (Sticht 2006: 51; Merkel 1999: 123f).

## 2.2 Die Demokratisierung

Demokratisierung bezeichnet den Auf- oder Ausbau pluralistischer politischer Institutionen, die politischen Wettbewerb und eine breite Partizipation der Bürger garantieren. Als Minimum solcher demokratischer Verfahren werden freie und geheime Wahlen, ein allgemeines Wahlrecht sowie eine ungehinderte Parteienkonkurrenz angesehen. Demokratisierung ist weiterhin der Prozess, in dem die unbegrenzte, unkontrollierte und kompromisslos eingesetzte politische Macht einer Gruppe (Oligarchie) oder Person (Autokratie) durch neue institutionalisierte Verfahren ersetzt wird. Die exekutive Macht wird begrenzet, ständig kontrolliert und regelmäßig verantwortbar gemacht, sowie beliebige Ergebnisse in der Wahl- und anderen politischen Prozessen ermöglicht (Friedbert 1996: 114-115; Przeworski 1991: 14). Merkel bezeichnet diese zweite Phase als „Institutionalisierung der Demokratie“ und demzufolge als „Institutionalisierungsphase“ (Merkel 1999: 120, 136).
Mit anderen Worten: die Demokratisierungsphase beginnt, wenn die Kontrolle über die politischen Entscheidungen „demokratischen Verfahren überantwortet wird, deren substantielle Ergebnisse sich a priori nicht mehr bestimmen lassen“ (Merkel 1999: 137). Eine ihr immanente besondere Schwierigkeit liegt darin, dass alte Normen noch Geltung haben und alte Institutionen ihre Tätigkeiten fortsetzen, gleichzeitig jedoch neue Regelungen schon gelten und neue Institutionen ganz oder teilweise errichtet sind. Des Weiteren ist in der Demokratisierungsphase problematisch, dass politische Akteure über neue Regeln entscheiden, die anschließend für alle politischen Kräfte einschließlich ihr selbst gelten. Damit besteht gerade bei der Ausarbeitung der Verfassung die Gefahr, dass Eigeninteressen verfolgt werden und normative Vorstellungen über den Charakter der neuen Institutionen stark divergieren (Sticht 2006: 51; Merkel 1999: 137f).
Der Abschluss der Demokratisierungsphase wird teilweise in der Durchführung von allgemeinen und freien Wahlen gesehen (Bos 1996: 103), zumeist aber auf die Verabschiedung der neuen Verfassung datiert, die sowohl den politischen Wettbewerb als auch das Entscheidungsverfahren verbindlich festlegt (Sticht 2006: 51-52). Damit ist die Demokratie zwar keineswegs gefestigt und ihr Niedergang in autoritäre Herrschaftsformen noch nicht ausge-

schlossen, die Zeit der größten Unsicherheit ist jedoch zunächst vorbei (Merkel 1999: 143).

## 2.3 Die Konsolidierung

In der dritten und letzten Transformationsphase geht es um die Konsolidierung von Demokratie und damit um den schlussendlichen Erfolg der Transformation. Bisher konnte in der Politikwissenschaft keine allgemeingültige Definition entwickelt werden, die eindeutige und operationalisierbare Kriterien der Konsolidierung einer Demokratie benennt. Vielmehr kann primär für die 90er Jahre des 20. Jahrhunderts in der Transformationsforschung eine Vielzahl an begrifflichen Festlegungen, Konzepten und Modellen zur demokratischen Konsolidierung konstatiert werden. Aufgrund der intensiv geführten Debatte um den Begriff Konsolidierung wird sogar von der Entwicklung eines eigenen Forschungsgebietes, der so genannten *„consolidology"* oder Konsolidierungswissenschaft gesprochen (Beyme 1999: 291; Schmitter/Guilhot 2000: 131).

Uneinig sind sich die Transformationsforscher, welche politischen, sozialen und ökonomischen Voraussetzungen gegeben sein müssen, um von einer krisenresistenten Stabilität demokratischer Systeme ausgehen zu können (Merkel 1995: 35). Insbesondere gibt es unterschiedliche Meinungen darüber, welche politischen und gesellschaftlichen Institutionen stabilisiert sein müssen, um eine Demokratie als konsolidiert betrachten zu können. Es herrscht Uneinigkeit hinsichtlich der Anforderungen an die Einstellungen und Verhaltensstile der Akteure im politischen System sowie der Bürger. Auch wird der Einfluss der Art des Zusammenbruchs des autoritären Regimes und des Verlaufs der Liberalisierungs- und Demokratisierungsphase auf die Konsolidierung der Demokratie unterschiedlich bewertet. Umstritten ist außerdem, welche externen Variablen den Konsolidierungsprozess beeinflussen können, wie etwa Position und Rolle im internationalen System oder internationale Unterstützungsleistungen.

Grundsätzlich lassen sich weniger anspruchsvolle minimalistische von anspruchsvollen maximalistischen Konsolidierungskonzepten unterscheiden.

Diese Differenzierung wirkt sich auf die zeitliche Dimension der demokratischen Konsolidierung aus: Beim maximalistischen Konzept wird von einem längeren Zeithorizont ausgegangen als beim minimalistischen. Auch stellt das minimalistische Konzept geringere Anforderungen an den Institutionalisierungsgrad und die Beschaffenheit der Demokratie als das maximalistische Konzept. Minimalistisch sind Konsolidierungskonzepte demnach allgemein dann, wenn lediglich die Ebene der politischen Akteure betrachtet wird. Maximalistische Konsolidierungskonzepte hingegen schließen sowohl die intermediäre Ebene als auch die Bevölkerung und deren Einstellung zur Demokratie mit ein (Sticht 2006: 52; Merkel 1999: 144; Beichelt 2001: 24f;).

# 3 Ausgewählte Konsolidierungskonzepte der Transformationsforschung

Angesichts der Vielfalt an Erklärungsansätzen erscheint eine Konzentration auf ausgewählte Ansätze unumgänglich. Im folgenden Kapitel werden die Konsolidierungskonzepte dargelegt, welche wichtige Orientierungs- und Anhaltspunkte für die Analyse demokratischer Transformationen liefern können. Innerhalb dieser Konsolidierungsansätze variieren die Indikatoren, Faktoren und Variablen einer demokratischen Konsolidierung, so werden beispielsweise externe Einflussfaktoren unterschiedlich bewertet.

## 3.1 Die verhaltens- und einstellungsmäßige Dimension der Konsolidierung

Samuel P. Huntington konstatiert, dass im Laufe der Geschichte nicht nur immer mehr Staaten demokratische politische Systeme eingeführt haben, sondern dass diese Entwicklungen auch nach einem Wellenmuster verlaufen sind. Eine „Demokratisierungswelle“ ist dabei zu verstehen als eine „Gruppe von Transitionen von nichtdemokratischen hin zu demokratischen Regimen, die innerhalb eines gewissen Zeitraums stattfinden und deren Anzahl signifikant größer als die Anzahl der Transitionen in die entgegengesetzte Richtung im gleichen Zeitraum“ ist (Huntington 1991: 15; Sticht 2006: 54).

Ein maximalistisches Konsolidierungskonzept der so genannten „dritten Welle“ betreffend stammt von Diamond (1999). Ein erster Schritt, um das Konzept Diamonds greifbar zu machen, ist die Klärung dessen, was er im Einzelnen unter Konsolidierung versteht:

> I believe consolidation is most usefully construed as the process of achieving broad and deep legitimation, such that all significant political actors, at both the elite and mass levels, believe that the democratic regime is the most right and appropriate for their society (Diamond 1999: 65).

Entsprechend dieser anspruchsvollen Definition entwirft er ein Indikatorenraster, in dem die Verhaltens- und Einstellungsdimension der demokratischen Konsolidierung entsprechend ihrer Konsolidierungsrelevanz gestaffelten Akteursgruppen (Massen, Organisationen, Eliten) kombiniert werden. Ein demokratisches System kann, der obigen Definition folgend, nur dann als erfolgreich konsolidiert angesehen werden, wenn es in einer zweidimensionalen Weise legitimiert ist: in den Einstellungen und im Verhalten der Eliten einerseits und in dem der Bürger andererseits (Diamond 1999: 68f; Kaiser 2004: 3-9; Ogrinz 2007: 38).

Wenn den Massen, also der Bevölkerung als Ganzem, eine wichtige Rolle bei der Konsolidierung der Demokratie zugemessen wird (Diamond 1997: 17f; Diamond 1999: 68f), gilt dies in noch weit stärkerem Maße für die Eliten eines politischen Systems. Dabei wird demokratische Konsolidierung meist mit dem Erreichen eines Elitenkonsens gleichgesetzt und die Demokratie stellt in den Kreisen relevanter politischer Akteure „the only game in town“ dar (Linz 1990a: 143-164; Przeworski 1991: 26). Mehr noch als für die Einschätzung von Konsolidierungsfortschritten scheint der Elitenfokus dafür geeignet zu sein, „to observe the phenomenon of democratic consolidation in its inverse“ (Diamond 1999: 67), also *democratic breakdown* oder *erosion* in Betracht zu ziehen (Ogrinz 2007: 42). Es muss unter der breiten Öffentlichkeit über alle gesellschaftlichen Schichten hinweg einen breiten Konsens über die Legitimität eines demokratischen politischen Systems geben.

Demokratie kann laut Diamond unter zwei Bedingungen legitimiert werden. Erstens muss Demokratie allgemein als beste Regierungsform anerkannt werden und zweitens muss dieses System von der Bevölkerung als positiv empfunden werden. Die Einstellung der Massen und der Eliten zur Politik im Allgemeinen und dem eigenen politischen System im Besonderen bilden dabei die Grundlage für die politische Kultur eines Landes. Ausgehend davon kann festgestellt werden, dass die Umwandlung der politischen Kultur ein wesentlicher Bestandteil der demokratischen Konsolidierung ist (Diamond 1999: 65; Kaiser 2004: 3-9). Diamond definiert den Begriff „Legitimation“ auf folgende Weise:

> Legitimation in this sense involves more than normative commitment. It must also be evident and routinized in behavior. (...) the norms, procedures, and

> expectations of democracy become so internalized that actors routinely, instinctively conform to the written (and unwritten) rules of the game, even when they conflict and compete intensely (Diamond 1999: 65).

Diamond unterscheidet sogar zwischen *drei* Akteursebenen. Auf der höchsten Ebene sind die politischen, wirtschaftlichen und gesellschaftlichen Eliten zu finden. Auf dieser Ebene werden die Verhaltens- und Einstellungsdimensionen am meisten beeinflusst und wirken sich direkt auf die Stabilität und Konsolidierung einer Demokratie aus. Ein wesentlicher Bestandteil in Diamonds Konzept sind auf einer mittleren Ebene auch kollektive Akteure, die großen Einfluss auf die Politik haben. Dazu gehören politische Parteien, Gewerkschaften, Wirtschaftsverbände, aber auch Interessen- und Lobbyistengruppen. Die unterste Ebene bilden die Massen. Der Ebenenhierarchie entspricht auch eine Stufung nach der Konsolidierungsrelevanz der einzelnen Akteursgruppen. Sie fängt folglich auf der Ebene der Eliten an, setzt sich über die kollektiven Akteure fort und findet ihren Abschluss auf der Ebene der Massen (Diamond 1999: 65ff; Kaiser 2004: 3-9).

Die Konsolidierung der Demokratie findet zusammenfassend also in zwei Dimensionen, der Einstellung und dem Verhalten, sowie auf drei Ebenen statt. Hierzu hat Diamond für beide Dimensionen auf allen drei Ebenen Indikatoren entwickelt, die er in einer Sechs-Felder-Matrix gegenüberstellt. Die Indikatoren ermöglichen präzise Aussagen über den Stand der Konsolidierung. Sie geben an, unter welchen Umständen die Demokratie in einer der beiden Dimensionen auf einer der drei Ebenen als konsolidiert gelten kann. Ein Staat kann nach Diamond dann als konsolidiert betrachtet werden, wenn alle sechs Indikatoren positiv erfüllt sind (Diamond 1999: 65ff; Kaiser, 2004: 3-9).

Die drei zentralen Schlüsselfaktoren der Konsolidierung einer Demokratie liegen für Diamond in der Leistungsfähigkeit des Regimes (*regime performance)*, der politischen Institutionalisierung (*political institutionalization*) und der politischen Vertiefung *(democratic deepening)*:

> Nevertheless, there are three generic tasks that all new and fragile democracies must handle if they are to become consolidated: 1) *democratic deepening*, 2) *political institutionalization*, and 3) *regime performance* (Diamond 1999: 74).

Diamond etwa setzt voraus, dass die demokratische Qualität eines politischen Systems im Zuge seiner Konsolidierung zunimmt (*democratic deepening*) (Diamond 1997: xviii), und spricht sogar von einer „*intimate connection*" zwischen *democratic deepening* und Konsolidierung (Diamond 1999: 74). Mit der Leistungsfähigkeit des Regimes ist sowohl die wirtschaftliche als auch die politische Performanz eines Systems gemeint. Es wäre also zu erwarten, dass bei einem geringeren Wirtschaftswachstum und sozialen Problemen, die Unterstützung der Demokratie sinkt. Wenn die Demokratie als Denkweise in der Bevölkerung verankert ist, sie also eine hohe Legitimität besitzt, ist die Gefahr gering, dass die Zustimmung zur demokratischen Ordnungsform auf die Performanz des Regimes angewiesen ist. Die politische Institutionalisierung ist ein Prozess der Festigung der formalen Strukturen des demokratischen Systems. Mit dem Übergang von der Transitions- zur Konsolidierungsforschung ging auch ein verstärktes Interesse an institutionellen Faktoren einher. Gleichwohl schreibt Diamond den Institutionen eine Schlüsselrolle bei der Konsolidierung zu: „If democracies are to weather the storms of history and limit the self-aggrandizing impulses of human actors, they need strong and well-designed political institutions"(Diamond 1997: xxiii). Die politische Vertiefung schließlich ist vor allem ein Prozess der Festigung der politischen und bürgerlichen Freiheiten sowie der Rechtsstaatlichkeit. Je größer das Vertrauen des Volkes an Demokratie ist und umso höher seine Bereitschaft ist, sich an die Regeln der demokratischen Ordnung zu halten, desto effektiver werde das System in Bezug auf die politischen Lösungen wichtiger Gesellschaftsprobleme. Diamond betont, dass Wechselbeziehungen zwischen Legitimität, Effektivität und demokratischer Stabilität existieren (Sticht 2006: 57-58; Diamond 1999: 76-89).

## 3.2 Konsolidierung der Demokratie oder ihrer „partial regimes"

Schmitter nennt die Konsolidierungsforschung eine „new pseudoscience" bzw. „pseudodiscipline" oder „embryonic science/art of consolidology" (Schmitter 1995: 15, 29, 37). Nach Philippe Schmitter erfolgt die demokratische Konsolidierung in verschiedenen „partial regimes" (Teilregime), deren

Entwicklung jeweils andere „partial regimes“ direkt oder indirekt beeinflussen. Daraus resultiert, so Schmitter, die Konsolidierung einer Demokratie aus der Summe ihrer konsolidierten Teilregime. Allerdings beschränkt sich Schmitter dabei ausschließlich auf das politische System (Teilregime: *electoral, representational, pressure, concertation, clientelist* und *constitutional regime*). Er unterscheidet die Teilregime von staatlichen Strukturen, Regierung, politischen Parteien, Parlament und Interessengruppen. „Seen from this perspective, the overall democratic regime being consolidated in any given case will not only be identified by its internal configuration, but will also be composed of different external regimes" (Schmitter 1995a: 558).

Demnach ist es auch nicht die Demokratie, welche konsolidiert wird, sondern ihre *partial regimes* und er zählt die folgenden Teilregime auf (Waldrauch 1996: 85):

- das „electoral regime“ setzt die Wähler über Parteien mit der Legislative in Verbindung;
- das „representational regime“ bildet sich zwischen den potentiellen gesellschaftlichen Interessenorganisationen und den politischen Parteien bzw. Parteien in der Legislative;
- das „pressure regime“ verbindet soziale Gruppen und Verbände mit der Legislative;
- das „concertation regime“ verbindet Interessenorganisationen bzw. die betroffene Bevölkerung mit staatlichen und parastaatlichen Institutionen; und
- das "clientelist regime that may or may not link specific established localities via political parties to specific state agencies" (Schmitter 1988: 57).

Die besondere Beschränkung liegt darin, dass potenzielle Gruppen, die mit den politischen Entwicklungen unzufrieden sind, neue Parteien und Interessenorganisationen errichten und parallel funktionieren können (Schmitter 1997: 243f).

Die konkreten Ausformungen dieser Beziehungen können nur in begrenztem Ausmaß in Verfassungen festgelegt werden. Dass der Regulierungsanspruch von Verfassungen in modernen Demokratien nur unzureichend erfüllt werden kann, hat Schmitter mit seinem Konzept der Partialregime überzeugend dargelegt:

> Constitutions (...) are an effort to establish a single, overarching set of 'meta-rules' that would render these partial regimes coherent by assigning specific tasks to each and enforcing some hierarchical relation among them, but such formal documents are rarely successful in delineating and controlling all these relations (Schmitter 1992: 161).

Was die Einschätzung der Relevanz von Parteiensystemen für die Entwicklung der modernen Demokratie, insbesondere der Konsolidierung junger demokratischer Systeme, angeht, überwiegt zwar die Einschätzung, dass diesen nach wie vor ein hohes Maß an Bedeutung zukomme, Philippe Schmitter nimmt jedoch eine prominente Gegenposition ein. Er hat immer wieder einen Bedeutungsverlust der territorialen zugunsten der funktionalen Interessenrepräsentation vertreten (Schmitter 1992a: 426f; Sticht 2006: 61; Ogrinz 2007: 106). Wenn Interessenorganisationen aber einen Einfluss auf den Typ der zu konsolidierenden Demokratie haben wollen, dann müssen sie und die Teilregime, in denen sie eingebunden sind, vor dem Ende der Konsolidierung selbst konsolidiert sein. So käme man zu dem Schluss, dass die Konsolidierung der Demokratie die Summe der Konsolidierungen ihrer Teilregime ist (Waldrauch 1996: 86).

Allerdings ist das Konzept von Schmitter dahingehend zu kritisieren, dass die Beziehung seiner Vorstellungen zur Konsolidierung der *partial regimes* zu seinen Definitionen der Konsolidierung der *Demokratie an sich* nicht nachvollziehbar ist. Sein Konsolidierungskonzept vermag ebenfalls die langfristige Stabilisierung einer Demokratie zu erklären. Würde man jedoch auf die vollkommene Konsolidierung aller *partial regimes* warten, dann würde die Konsolidierung tatsächlich stets zumindest eine Generation dauern. Je mehr die *partial regimes* als demokratisch konsolidiert werden können, umso stabiler ist das politische System insgesamt und umso höher ist die Qualität der Demokratie (Schmitter/Guilhot 2000: 142).

### 3.3 Konsolidierungskonzept als „*the only game in town*"

Juan J. Linz hat die Konzeption der konsolidierten Demokratie unter der Bezeichnung „*the only game in town*" entwickelt (Linz 1990a: 143-164). In einer anderen Arbeit vertiefen Juan J. Linz und Alfred Stepan die griffige Definition der demokratischen Konsolidierung des „*only game in town*" im Sinne eines politischen Systems als interagierenden Systemzusammenhang, wo die Demokratie als die Ordnungsform hinsichtlich der Akzeptanz von politischen Akteuren und für die Zukunft außer Frage steht: „Essentially, we mean by a consolidated democracy a political situation in which, in a phrase, democracy has become, the only game in town" (Linz/Stepan 1996: 5).
Damit die Demokratie im Staat als konsolidiert gilt, muss sie auf drei verschiedenen Dimensionen des politischen Systems implementiert werden, welche die Verhaltens-, Einstellungs- und Verfassungsebene umfassen. Auf der Verhaltensebene gilt ein demokratisches Regime innerhalb eines Territoriums als konsolidiert, wenn kein wichtiger nationaler, sozialer, wirtschaftlicher, politischer oder institutioneller Akteur bedeutende Ressourcen aufwendet, um seine Ziele durch die Schaffung eines nicht demokratischen Regimes oder die Abspaltung vom Staatsverband zu realisieren. Eine konsolidierte Demokratie impliziert auch die einstellungsmäßige Konsolidierung der demokratischen Ideen in Staat und Gesellschaft. Somit kann man von einer „echten" Demokratie sprechen, wenn die Öffentlichkeit in ihrer breiten Mehrheit auch in einer tiefen wirtschaftlichen Krise und angesichts größter Unzufriedenheit mit den Entscheidungsträgern an demokratischen Verfahren und Institutionen festhält. Die Voraussetzungen, ob demokratische Werte und demokratische Kultur in einem Staat erfolgreich durchgesetzt werden können, hängt zum Großteil von geschichtlichen und kulturellen Faktoren ab. Auf der letzten dritten Verfassungsebene kommen staatliche und auch nichtstaatliche Akteure darin überein, Konflikte im Rahmen der bestehenden Gesetze, Verfahren und Institutionen des neuen demokratischen Prozesses auszutragen (Linz/Stepan 1996: 6).
Der Sachverhalt einer konsolidierten Demokratie kann nach Linz und Stepan auf fünf Arenen erklärt werden. Danach werden eine lebhafte und freie Gesellschaft und eine autonome politische Gesellschaft, Rechtsstaatlichkeit,

rechtsgebundene Bürokratie und institutionalisierte wirtschaftliche Gesellschaft, die nicht mit einer Marktgesellschaft identisch sein muss, als Bedingungen einer funktionierenden Demokratie definiert (Linz/Stepan 1996: 7ff). Mit diesem Konzept gehen Linz und Stepan weit über die in der Konsolidierungsforschung vorhandenen Thesen hinaus. Vor allem der Ansatz einer konsolidierten politischen und wirtschaftlichen Gesellschaft ist neu.
Die Autoren unterscheiden zwischen unabhängigen und abhängigen Variablen. Die unabhängigen Variablen unterteilen sie in zwei große Gruppen: Makrovariablen und Mikrovariablen. Zunächst benennen Linz und Stepan zwei Makrovariablen, die für die konsolidierende Demokratie von großer Bedeutung sind: den vorangegangenen Regimetyp und die „Staatlichkeit". Die erste Variable bestimmt die Ablösungspfade (z. B. durch Pakte, durch demokratische Revolutionen) und damit verbundene Aufgaben, die von den beteiligten Akteuren bewältigt werden müssen. Sie unterteilen in totalitäre, posttotalitäre, autoritäre und sultanistische Regime (Linz/Stepan 1996: 44). Funktionierende Institutionen sind ein wesentlicher Teil der konsolidierten Demokratien. Lücken im institutionellen Gefüge sind häufig Zeichen und Ursachen defekter Demokratien. Gleichzeitig können fehlerhafte Institutionen zur Auslösung demokratischer Revolutionen führen. Der Zusammenhang zwischen fehlerhaften Institutionen und demokratischem Umbruch ist nicht bei allen Regimen vorhanden. Sie gehen davon aus, dass bei autoritären Regimen diese Entwicklungen am günstigsten sind. Totalitäre und sultanistische Regime sind ihrem Wesen nach geschlossener und repressiver als autoritäre Systeme. Gewaltanwendung durch Militär und Polizei, Abschottung nach Außen, geringe Informationsmöglichkeiten und Abwesenheit der Zivilgesellschaft im Inneren schaffen Regimekritikern in den totalitären und sultanistischen Regimen kaum Spielraum um gegen das System zu agieren.
In allen fünf obengenannten Arenen bieten autoritäre Regime im Vergleich zu totalitären und sultanistischen Regimen die besten Ausgangsbedingungen. Autoritäre Regime mit Merkmalen, wie zum Beispiel begrenztem Pluralismus, kontrollierter Partizipation, keiner umfassend ausgeformten Ideologie (Vorhandensein der Mentalitäten) oder Marktwirtschaft sind Erbschaften, an denen die Demokratie positiv anknüpfen kann. Die umstrittenste Kategorie von Linz und Stepan ist der „Post-Totalitarismus". Er ist für die Autoren ein eigenständiger Regimetypus, der sich aus den totalitären kommunistischen Syste-

men entwickelt hat, sich gleichzeitig jedoch sowohl von autoritären als auch totalitären Regimen unterscheidet. Linz und Stepan haben diesen Regimetyp eingeführt, weil die osteuropäischen Systeme in der Phase nach Stalins Tod im Jahre 1953 sich wandelten und sich nicht länger sinnvoll in den Kategorien des Totalitarismus beschreiben ließen, jedoch aufgrund des mangelnden Pluralismus genauso wenig als autoritäre Regime qualifiziert werden konnten (Linz/Stepan 1996: 44ff).
Die zweite Makrovariable ist „Staatlichkeit“, eine untertheoretisierte und für die Demokratisierung kritische Variable. Linz und Stepan interessieren sich für die Konstellationen, in denen *Nation-building* und Demokratisierung entweder komplementäre oder konflikthafte Logiken ausbilden und stellen die Frage, welche Praktiken und Institutionen unter diesen Bedingungen eine demokratische Konsolidierung wahrscheinlich machen (Linz/Stepan 1996: 16ff).

Linz und Stepan führen im letzten Teil ihrer Analyse fünf Mikrovariablen als Konsolidierungsparameter an, von denen zwei akteurs- und drei kontextorientiert sind. Die akteursorientierten Variablen sind die *„leadership base of the prior regimetype“* und die Transitionsführung und -kontrolle. Zentral hierbei ist, ob die Demokratisierung vom Regime selbst eingeleitet wird, von unten erpresst oder durch ein Übergangsregime vollzogen wird. Die drei Kontextvariablen bilden der internationale Einfluss (Außenpolitik, Zeitgeist und Diffusionseffekte), die politisch-wirtschaftliche Legitimität und der Verfassungsgebungsmodus (Linz/Stepan 1996: 66-71). Die Variable der Außenpolitik ist selbsterklärend und umfasst die Wirkung der Außenpolitik der anderen Staaten auf den Konsolidierungsprozess, während sich Zeitgeist auf langfristig vorherrschende internationale Ideologien bezieht. Unter Diffusionseffekten verstehen die Autoren schließlich die Wirkungen, die von Ereignissen der jüngsten Vergangenheit ausgehen (Linz/Stepan 1996: 72-76).

Umstritten sind die Konstruktion von Regimetypen (vor allem des posttotalitären Regimetyps) und die Zuordnung einiger Staaten zu den jeweiligen Typen. Erstaunlich ist auch, dass Linz und Stepan zwar den internationalen Kontext erwähnen, aber nicht auf internationale oder supranationale Organisationen und Institutionen (wie etwa EU, Weltbank oder Internationalen Währungsfond) eingehen.

## 3.4 Externe Faktoren demokratischer Konsolidierung

In der Transformationsforschung wurden die externen Faktoren für die Konsolidierung vernachlässigt. Geoffrey Pridham gehört zu den wenigen Wissenschaftlern, die sich bislang ausführlich mit Strategien externer Faktoren bei der Konsolidierungsforschung befassen. Die Interaktionen zwischen internen und externen Einflüssen stehen im Mittelpunkt von Pridhams These, die die externe Dimension von Transformationsprozessen in ein konzeptuelles Schema fasst, das die vergleichende Analyse verschiedener Länderbeispiele ermöglichen soll. (Pridham 1991: 1-28; Pridham 1995: 166-169; Pridham 2002: 955). Damit hebt sich Pridham von den bislang dargestellten Konsolidierungsansätzen ab. Unter demokratischer Konsolidierung nach Pridham ist Folgendes zu verstehen:

> [...] opening the way for the institutionalization of a new democracy, the internalization of its rules and procedures by intermediary actors and the dissemination of democratic values through a 'remaking' of the political culture (Pridham 2006: 394).

Pridham unterscheidet zwischen positiver und negativer Konsolidierung. Demokratien sind für ihn negativ konsolidiert, wenn kein relevanter politischer oder sozialer Akteur außerhalb der demokratischen Institutionen seine Ziele und Interessen verfolgt, weil zu diesem Zeitpunkt keine attraktive Systemalternative zur Demokratie existiert. Positiv aber ist ein politisches System erst dann konsolidiert, wenn das gesamte System nicht nur in den Augen der Eliten legitim und ohne Alternative ist, sondern wenn auch die Einstellungs-, Werte- und Verhaltensmuster der Bürger einen stabilen Legitimitätsglauben gegenüber der Demokratie reflektieren. Ein solches Konsolidierungskonzept rechnet mit weit längeren Zeithorizonten für die Stabilisierung einer postautoritären Demokratie als die nur auf die Eliten bezogene negative demokratische Konsolidierung. Die positive Konsolidierung beinhaltet weiterhin eine Mobilisierung der Zivilgesellschaft (Pridham 1995: 168).

Pridham entwickelt hinsichtlich der internationalen Einflüsse auf die Konsolidierung die Auffassung, dass der externe Faktor beide Komponenten der Konsolidierung sowohl in negativer als auch in positiver Weise bestimmen kann. Der Konfliktausbruch in einer bestimmten Region kann als Konsequenz der internationalen Dimension dazu beitragen, dass der Konsolidierungsprozess negativ beeinflusst bzw. unterbrochen wird. Andererseits können die Länder durch die Mitgliedschaft in regionalen demokratischen Organisationen mit systemischen Auswirkungen (EU) den Weg zur Demokratie beschleunigen (Pridham 1995: 169f).

Die externen Faktoren der Konsolidierung können am besten untersucht werden, wenn sie auf den verschiedenen Ebenen des Prozesses verdeutlicht werden. Pridham greift dabei auf die *linkage*-These von Rosenau zurück. Er hat *linkages* als Verknüpfungen zwischen nationalen und internationalen Faktoren definiert, die ihren Ausgangspunkt entweder in der nationalen *polity (outer-directed)* oder im internationalen System *(inner-directed)* haben können. Rosenau verstand dieses Modell primär als Instrument der außenpolitischen Analyse (Rosenau 1969: 45f). Pridham beruft sich eher auf die Begriffe als die Ideen, wenn er das Wechselspiel von internen und externen Akteuren im Konsolidierungsprozess mit den beiden Kategorien *inner-* und *outer-directed* zu erklären versucht (Pridham 1994: 29-31).

Die gewandelte, demokratische Werte fördernde politische Kultur kann ebenso zur positiven Konsolidierung der Demokratie beitragen. Pridham unterstreicht die Bedeutung der geopolitischen, geschichtlichen und kulturellen Faktoren, bei der viele Variablen in das Konsolidierungsmodell einbezogen werden (Pridham 1995: 171-201).

Dementsprechend beziehen sich die nach innen gerichteten Verbindungen primär auf konjunkturelle Faktoren sowie die interne Atmosphäre. Die nach außen gerichteten Verbindungen hingegen betreffen eine Vielzahl von Akteuren, besonders parteipolitische, wirtschaftliche und militärische (Pridham 1995: 179).

Zusammenfassend lässt sich feststellen, dass der internationale Kontext sowohl für die negative Konsolidierung als auch für die positive Konsolidierung von großer Bedeutung ist. Die Unterstützung der demokratischen Konsolidierung hängt von vielen Dimensionen ab: der historischen Dimension, der staatlichen oder Regierungsdimension, der Dimension der Ebene der Massen oder der kulturellen Dimension. Außerdem unterscheidet Pridham zwischen kurzfristigen Auswirkungen externer Ereignisse und langwierigen Einflüssen durch Verbindungen zwischen bi- und multilateralen Organisationen (Pridham 1995: 202; Sticht 2006: 69).

# 4 Die nationale Frage als Impuls der historischen Wende: Aserbaidschan und Lettland im Vergleich

Warum sind die Transformationsprozesse in Lettland und Aserbaidschan so unterschiedlich verlaufen? Im folgenden Teil der Arbeit wird die Rolle der Bildungselite bei der Interpretation von Geschichte und der Staats- und Nationsbildung analysiert. Die Letten setzen sich mit ihrer Geschichte kritisch auseinander, suchen nach dem Grund dafür, dass Eigenstaatlichkeit in der Vergangenheit nicht konsolidiert und erfolgreich verteidigt werden konnte und definieren Staats- und Nationsbildung durch die Verbindung zwischen Staat und Gesellschaft, die Aserbaidschaner (Aseris) hingegen bleiben der Tradition einer ungebrochenen Kontinuität ihrer Geschichte verbunden. Die aserbaidschanische Nation identifiziert sich bei der Organisation sozialer Beziehungen nach traditionellen Mustern. Im Baltikum bzw. in Lettland wurde nationale Selbstbesinnung zu einer Antriebskraft für Demokratisierung. In Aserbaidschan und anderen Teilen des Südkaukasus führte Nationalismus nur zur reduzierten Reproduktion des sowjetischen Klientelismus (vgl. Christophe 2002: 1217).

## 4.1 Der Beginn der Transformation: Gemeinsamkeiten und Unterschiede

Der Eintritt Aserbaidschans in die staatliche Unabhängigkeit wird mit anarchischen Entwicklungen bis Mitte der 90er Jahre des 20. Jahrhunderts, mit weit verbreiteter Korruption und mit den Folgen der armenischen Okkupation Berg-Karabachs und den umliegenden aserbaidschanischen Provinzen (Auch 2003: 13; Malek 2008: 16-39; Halbach 2009: 3-10), mit der Demontage des staatlichen Gewaltmonopols und mit Schattenwirtschaft in Verbindung gebracht. Lettland kann als Gegenbeispiel dazu mit wenigen Ausnahmen zu den erfolgreichen Gewinnern des Transformationsprozesses gezählt werden. Nachvollziehbar ist der Progress bei der Etablierung von Rechtsstaatlichkeit, beim Ausbau funktionierender demokratischer Strukturen und vor allem, was bei der Transformation am schwersten fällt, die gleichzeitige Entwicklung und institutionalisierte Trennung von Politik und Wirtschaft, auch als das „Dilemma der Gleichzeitigkeit" bezeichnet (Offe 1991: 279-292).

Anfangs wurden Lettland und Aserbaidschan noch als Beispiele für den beachtlichen Mobilisierungserfolg des spätsowjetischen Nationalismus in einem Atemzug genannt. Die beiden Länder gehörten Ende der 80er Jahre zu den ersten Sowjetrepubliken, die als Reaktion auf die Krise des Sozialismus und der Schwächung der Kontrolle durch Moskau im Rahmen der Perestroika Eigenstaatlichkeit forderten (Auch 2009: 36). Ihre Nationalbewegungen sind mehr oder weniger gleichzeitig entstanden; sie engagierten sich von Anfang an für Demokratie und Marktwirtschaft und stießen bald an die Grenzen der Perestroika. Die durch den neu erwachten Nationalismus angetriebenen Entwicklungen, die in beiden Ländern gleichzeitig verliefen, wurden als entscheidender Faktor in der Anfangsphase der Transformation betrachtet. Dieser spätsowjetische Nationalismus hat neue staatlichen Strukturen und gesellschaftliche Reformen vorangetrieben. Er wurde als ein Mittel zur Beseitigung des sozialistischen Erbes eines schwachen Staates und einer fragmentierten Gesellschaft angesehen (vgl. Christophe 2002: 1218).

Die Logik dieser These beruht überwiegend auf der Wahrnehmung des Sozialismus als Verkörperung eines als *feudal* oder *neo-traditional* etikettierten Herrschaftssystems, das letztlich an dem Versuch scheitern musste, sich durch die Institutionalisierung klientelistischer Beziehungen an die Realität anzupassen (Shlapentokh 1996: 393-412; Jowitt 1992: 15ff). Die Ethnologin Katherine Verdery hat sich 1996 mit der scheinbar naiven Frage auseinandergesetzt: *„What was Socialism, and what comes next?"* In dieser Arbeit wurde eine Welt *sui generis* vorgestellt, die erst dann zusammenfiel, als sie sich ihrem Gegenstück, dem Kapitalismus, zu öffnen und anzupassen versuchte (Segert 2007: 1-21; Verdery 1996: 10ff). Ungeachtet gewisser Fortschritte bei dieser Anpassung, scheiterte der Sozialismus an der Rationalisierung der Herrschaft und sozialer Integration. Ein Scheitern, das interne Konflikte zwischen der systemischen Rationalität und den vom Sozialismus geschaffenen modernen Aufbau bewirkte und damit eine Wiedergeburt von Nationalismus als Mittel einer weiteren Modernisierung bereiten musste (Segert 2007: 1-21).

Nun muss aber erklärt werden, warum die nationale Bewegung im Falle Aserbaidschans und des gesamten Südkaukasus in Bürgerkrieg, ethnoterritorialen Konflikten, der Schwächung staatlicher Strukturen und Reproduktion der alten Eliten endete, während sie in Lettland einen Beitrag zur Entstehung von Zivilgesellschaft und eines demokratischen Staates leistete (Christophe 2003: 193-207). Bis heute bleiben einige Fragen unbeantwortet, beispielsweise warum die Identifikation mit der Nation im Baltikum zur gesteigerten Verantwortung des Staates gegenüber seinen Bürgern führte, Aserbaidschan bzw. der gesamte Südkaukasus hingegen an dieser Aufgabe scheiterte (vgl. Christophe 2002: 1217-1234).

## 4.2 Aserbaidschan und Lettland unter der Sowjetherrschaft

Zumindest auf dem ersten Blick zeigt sich der Gegensatz zwischen Erhaltung der unabhängigen Staatlichkeit im Lettland der Zwischenkriegszeit von 1918 bis 1940 und die Okkupation der ersten kurzlebigen parlamentarischen demokratischen Republik Aserbaidschans im muslimischen Orient von 1918 bis 1920 als unüberbrückbar (Swietochowski 1985: 129; Mehtiyev 2009: 1-3). Die einfache Tatsache, dass lettische Nationalaktivisten gegen Ende der 80er Jahre auf die Erinnerung an die Unabhängigkeit und auf die damaligen Erfolge beim Aufbau der marktwirtschaftlichen Beziehungen zurückgreifen konnten, stellt einen entscheidenden Vorteil dar. Bei genauerer Analyse jedoch verliert dieser Unterschied viel von seiner Eindeutigkeit.

Zu sowjetischen Zeiten konnten sich alle drei südkaukasischen Staaten bzw. Aserbaidschan sehr viel erfolgreicher gegen Einmischungen des Zentrums (Moskau) abschirmen. Die Politik der *korenizacija* („Einwurzelung") hinterließ sehr viel tiefere Spuren in den ethnokratischen Herrschaftsstrukturen des Südkaukasus. Mit ihr wurden Angehörige nichtrussischer Titularnationen beim Zugang zu Bildung, Wohnungen und Arbeit gezielt bevorzugt. Bestandteil der positiven Diskriminierung war auch die bewusste Förderung von Sprache und Volkstum, allerdings grundsätzlich auf Kosten der jeweiligen Minderheiten einer Region. Diese nationalkommunistische Politik sollte vor allem die nationalen Ambitionen der neuen regionalen Eliten durch Loyalität zur sowjetischen Ordnung näher bringen (Simon 1986: 18ff). Die Förderung nichtrussischer Sprachen in den zwanziger Jahren entsprang nicht allein dem

Gedanken die Selbstbestimmungswünsche der Nationalitäten zu befriedigen. Die verschiedenen Muttersprachen waren vor allem ein ideales Medium zur Verbreitung der Parteipropaganda (Hildermeier 1994: 11ff). Die lettische Elite dagegen genoss in den 20er und 30er Jahren ihre Freiheit.

Die *korenizacija* wurde zwar während der Herrschaft Stalins unterbrochen, doch bereits in den 1950er Jahren erhielten mit der Bildungsexplosion bei den nichtrussischen Völkern Modernisierungsprozesse einen neuen Schub (Simon 1986: 299ff).

Die Nationalisierung der aserbaidschanischen Kader wurde in den 70er Jahren vom ersten Sekretär des zentralen Komitees der Kommunistischen Partei Aserbaidschans Heydär Alijew weitergeführt. Es ist kein Zufall, dass Alijew in einer Rede vor der Bildungselite in Baku am 21. September 1993 darauf aufmerksam gemacht hat, dass es ihm gelungen ist, in den 70er und zu Beginn der 80er Jahren Universitäten in 46 Städten (darunter 150 Plätze in Moskau) außerhalb des Landes für jährlich 400 bis 900 aserbaidschanische Bewerber ohne die obligatorische Aufnahmeprüfungen zu öffnen und damit die nationale Bildungsschicht zu erweitern (Auch 1994: 6-7; Bakinskij Rabočij vom 30. September 1993, S. 3). Nachdem Alijew in das Politbüro und den Ministerrat der UdSSR aufgestiegen war, wuchs in Aserbaidschan der Anteil der Aseris in den Bereichen der Verwaltung und Wirtschaft bis auf 93,8% bei einem Bevölkerungsanteil der Aseris von 82,7% (Auch 1994: 7).

Das lettische Bild weist andere Eigenschaften auf. Den baltischen Republiken wurde im Zarenreich und der Sowjetunion die Funktion eines „Fensters nach Europa“ zugewiesen, etwa als Experimentierfeld für Innovationen (Kappeler 1992: 310-312). Aufgrund dessen begannen die Sowjets nach der Okkupation 1940 eine massive Russifizierung Lettlands und konzentrierten die Industrie auf die Russische Föderation (RSFSR) und das Baltikum (Kappeler 1992: 310-312). Letten bildeten in der Kommunistischen Partei Lettlands im gesamten Zeitraum von 1944 bis 1990 eine Minderheit. Besonders offensichtlich war dies nicht nur in den größeren Städten, sondern auch in den besonders lettisch geprägten ländlichen Gebieten, in denen der Anteil der lettischen Bevölkerung unter den Parteimitgliedern deutlich niedriger lag, als ihr Anteil an der Gesamtbevölkerung. Der Parteiorganisation dieser Republik gehörten 29,2% Letten an. Sie stellten auch zu 31% die Sekretäre der Parteibasisgruppen (Bleiere 2008: 350-359). Unter den Abteilungsleitern des Rigaer Parteikomitees gab es keinen einzigen Letten. Darüber hinaus kam es in den 70er und 80er Jahren in Lettland zu einer intensiven „Verdrängung", genauer gesagt einem „Außenvorlassen", von Letten aus der gesamten Parteinomenklatura (Bleiere 2008: 350-359).

Die hier skizzierten Unterschiede in der ethnischen Organisation der offiziellen Machtstrukturen zeigen, dass der Südkaukasus bei der Bewahrung von Symbolen ethnischer Identität im öffentlichen Leben im Vergleich zum Baltikum deutlich bevorzugt wurde. Die Machtelite im Südkaukasus war viel entschlossener und erfolgreicher, ihre Nationalsprachen offiziell anerkennen zu lassen, als dies im Baltikum der Fall war. Im Jahre 1976 brach ein Skandal auf dem georgischen Schriftstellerkongress aus, als der Schriftsteller Dschaparidze die Idee der Einführung des Russischen als Unterrichtssprache an der Universität Tbilisi kritisierte. Zwei Jahre später enthielten nur die Verfassungen der drei südkaukasischen Unionsrepubliken innerhalb der gesamten Sowjetunion die Bestimmung, dass die jeweilige Sprache auf dem Territorium der Republik Staatsprache ist (Simon 2005: 285-286).

Ein Vergleich von Indikatoren für die Stärke des Nationalbewusstseins scheint zunächst ebenfalls nicht weit zu führen. Auch in dieser Dimension verweisen Ergebnisse von Meinungsumfragen Anfang der 80er Jahre auf verblüffende Analogien. Sowohl Aserbaidschan als auch Lettland lehnten in großer Mehrheit die Identifikation mit der Sowjetunion ab und artikulierten eine starke Verbindung mit der eigenen Nation (Lewada 1992: 134ff).

Zusammenfassend lässt sich feststellen, dass innerhalb der Sowjetunion das Niveau der ethnischen Selbstverwaltung in Aserbaidschan höher als in Lettland war. Damit konnte die Abwesenheit einer längeren Tradition der Eigenstaatlichkeit zumindest teilweise quasi ausgeglichen werden. Wenn die historisch akkumulierten Ressourcen als Ausgangpunkt für *Nation-Building* betrachtet werden, heißt dies, dass der analysierte Widerspruch auf der Ebene der Funktionalität des Nationalismus beider Länder im Zusammenhang der Transformation kaum auf klare Unterschiede in dieser Dimension zurückgeführt werden kann. Tatsächlich ist es nicht der objektive Kern von Geschichte, der diese Diskrepanz konstituiert (vgl. Christophe 2002: 1222-1223).

## 4.3 Wahrnehmung und Interpretation historischer Erlebnisse

Bisher wurden negative Schlussfolgerungen präsentiert und aufgezeigt, die weder Rekurs auf historisch geformte kulturelle Ressourcen, noch Bezug auf die Stärke nationaler Identität nehmen oder überzeugende Erklärungen des lettischen und aserbaidschanischen Prozesses des *Nation-Buildings* liefern. Dies ist ein Ergebnis, das eigentlich kaum überrascht, sondern vielmehr aktuelle Trends der theoretischen Auseinandersetzung mit dem Begriff der Kultur bestätigt. Wenn Kultur weder objektiv noch homogen ist, wie es der konstruktivistische Minimalkonsens voraussetzt, kann sie historische Prozesse auch nicht eindeutig determinieren (vgl. Christophe 2002: 1223-1224; Poole 1999: 36ff; Lane 1992: 362-387).

> Wenn Kultur lediglich ein Potential ist, aus dem Akteure mit divergierenden Intentionen höchst unterschiedlichen legitimatorischen Nutzen schlagen können und weiterhin Geschichte das bevorzugte Medium von Identitätsbildung bleibt, dann hieße dies, dass Vergangenheit in Abhängigkeit von den Bedürfnissen der Gegenwart, einem permanenten diskursiven Prozess der Rekonstruktion unterliegt. Somit wären sowohl Vergangenheit als auch Gegenwart bewegliche Ziele und es gäbe keine objektive Geschichte, die das Spektrum der aktuell verfügbaren Optionen wirkungsvoll eingrenzen kann. Dann gäbe es nur konkurrierende historische Narrative, gegensätzliche diskursive Strategien der Repräsentation von Vergangenheit, die jedoch alles andere als irrelevant sind, sondern ganz im Gegenteil einen sehr viel genaueren Aufschluss über die jeweils präferierten Identitätskonzepte und Zukunftsaspirationen geben (Christophe 2002: 1222f).

Auf die Fragestellung übertragen folgt daraus, dass die jeweils dominanten Muster der *Rekonstruktion* von Geschichte in Aserbaidschan und Lettland und die daraus abgeleiteten Konzepte von Nation untersucht werden müssen. Dabei muss man davon ausgehen, dass die von nationalistischen Akteuren durch die Auswahl und Interpretation kultureller und historischer Symbole konstituierten Codes nationaler Inklusion, sowohl aus diachroner, wie auch aus synchroner Perspektive, historischem Wandel unterliegen (Giesen 1993: 15ff; vgl. Christophe 2002: 1224). Sie können einerseits an wechselnde Situationen angepasst werden, sich aber andererseits auch im Ergebnis der dynamischen Interaktion zwischen konkurrierenden Varianten ihrer diskursiven Konstruktion wandeln (Christophe 1997: 21). Die kritische und bewusste Reflektion kann die im Rückgriff auf frühere Codes erzielten Resultate nationalistischer Akteure dazu veranlassen, einen neuen Modus der Konstruktion nationaler Identität zu entwickeln. Die divergierende Funktion des aserbaidschanischen und lettischen Nationalismus lässt sich auf gegensätzliche Strategien der diskursiven Rekonstruktion von Geschichte zurückführen (Scheide 2008: 117-128; vgl. Christophe 2002: 1224-1230).

Obwohl beide Länder weit zurückreichende nationale Traditionen für sich in Anspruch nehmen, zeichnen sich doch in dieser Dimension deutliche Differenzen ab. Angeregt durch die Frage, warum eigentlich frühere Versuche der Errichtung stabiler staatlicher Strukturen immer wieder gescheitert sind, entscheiden sich die lettischen Nationalisten für eine kritische Bewertung ihrer Vergangenheit, obwohl sie bei der Konstruktion nationaler Identität eigentlich gedanklich problemlos an die zeitlich nicht so lange zurückliegende Unabhängigkeitsperiode während der Zwischenkriegszeit hätten anknüpfen können. *Nation-* und *State-Building* begreifen die Letten als eine Aufgabe der Gegenwart, als eine Herausforderung, die nur durch den Bruch mit historischen Traditionen bewältigt werden kann (vgl. Christophe 2002: 1224-1225; Scheide 2008: 117-128; Wezel 2008: 151-152). Ganz anders operieren die aserbaidschanischen Nationalisten, die kritischen Fragen nach den Ursachen für den Niedergang des aserbaidschanischen Staates (*Sefeviler dövleti*) des Mittelalters oder nach den Motiven für die relativ freiwillige Unterwerfung unter das Zarenreich im Jahre 1828 mit dem Vertrag von Turkmentschaj immer wieder ausweichen (Auch 2009: 35). Die Aseris halten und hielten an einer ungebrochenen Kontinuität zwischen Vergangenheit und Gegenwart fest und verzichteten damit auf die Chance, Lehren aus der Vergangenheit zu ziehen.

## 4.4 Nationalistische Geschichtsinterpretationen im postsowjetischen Aserbaidschan und Lettland

In wenigstens einem fundamentalen Aspekt war die historiographische Entwicklung in Aserbaidschan und Lettland von einem gemeinsamen historischen Trend geprägt. Die sowjetische Strategie der Manipulation nationaler Symbole als Mittel zur Stabilisierung ihres Regimes hinterließ den in den letzten Tagen der UdSSR überall in der Peripherie entstandenen Nationalbewegungen zunächst ein schwieriges Erbe (Geyer 1998: 653-660; vgl. Christophe 2002: 1229). Um zu einer scharfen Waffe in der Hand der nationalistischen Opposition im Kampf um die Delegitimierung der sowjetischen Ordnung zu werden, musste das Konzept der Nation zuallererst einer Reinterpretation unterzogen werden (Scheide 2008: 117-128). Bei der Bewältigung dieser Herausforderung setzten die aserbaidschanischen und lettischen Nationalkräfte jedoch unterschiedliche Prioritäten.

Während in den lettischen Diskursen der späten 80er und 90er Jahre des 20. Jahrhunderts ein klarer Bruch mit den historiographischen Stereotypen der Sowjetzeit erkennbar war, griffen aserbaidschanische Narrative diese in einer weniger reflektierten Art und Weise auf (vgl. Wezel 2008: 151-158; vgl. Christophe 2002: 1229). Offensichtlich ist dies auch ein Resultat der unterschiedlichen Ausgangsituationen. Sehr viel ungebrochener konnten sich die aserbaidschanischen Historiker auf die Errungenschaften ihrer Vorgänger stützen, die bereits beeindruckende Breschen in die offizielle Sowjetideologie geschlagen hatten. Sie verspürten oft nicht einmal die Notwendigkeit, alte Interpretationsmuster in Frage zu stellen. Im Ergebnis mussten sie an der Überwindung sowjetischer Erblasten scheitern (Scheide 2008: 117-128; vgl. Christophe 2002: 1229).

Im Gegensatz dazu zwangen die sehr viel ungünstigeren Startbedingungen ihre lettischen Kollegen dazu, sich auf einen erbitterten Kampf gegen sowjetische Geschichtsmodelle einzulassen. Sie waren sozusagen in der „glücklichen" Lage, ein klar umrissenes Ziel vor Augen zu haben, gegen das sie Sturm laufen konnten und das sie zur Entwicklung neuer Konzepte anspornte (Wezel 2008: 151-158; Christophe 2002: 1229). Im Zuge der Infragestellung alter Gewissheiten ist es ihnen gelungen, eine alternative Identität der lettischen Nation zu prägen.

Zu Beginn des zweiten nationalen Erwachens bemühten sich die der Nationalbewegung verbundenen lettischen Historiker zunächst darum, die in der sowjetischen Zeit erarbeitete triumphalistische Version der Nationalgeschichte durch eine Erzählung unvorstellbaren Leidens zu ersetzen (Bleiere 2008: 334-488). Anstatt die Nationalgeschichte als eine ununterbrochene Kette von Siegen darzustellen, die unter der Führung der Kommunistischen Partei und in enger Allianz mit Russland errungen worden waren, betonen sie die tragischen Elemente des historischen Schicksals (Christophe 1997: 21ff).

In Aserbaidschan spielt die Enthüllung „weißer Flecken" der Geschichte demgegenüber eine wenig prominente Rolle. Als sich jüngst eine Arbeitsgruppe von Historikern, die ein Kapitel der Aserbaidschanischen Nationalen Enzyklopädie verfassen sollte, den "Fehler" machte, die 70er Jahre des 20. Jahrhunderts als eine Periode der "Stagnation" und der umfassenden Korruption zu beschreiben, wurden sie zum Präsidenten Ilham Alijew zitiert, der sie tadelte und aufforderte, diese Darstellung umzuschreiben (*Bakinskij Rabočij* vom 24. Januar 2008, S. 1-2). Die 70er und 80er Jahre werden in dem Kapitel nach der „Korrektur" als eine Blütezeit des wirtschaftlichen und politischen Lebens in Aserbaidschan beschrieben, war doch dieser Zeitraum in der Geschichte des Landes insbesondere mit dem Namen Heydär Alijew verbunden.

Zurückblickend kann eine Reihe von klaren Gegensätzen in den lettischen und aserbaidschanischen Diskursen festgehalten werden. Während die lettischen Nationalisten die *Nation* als etwas beschrieben, das noch im Werden begriffen ist und *Nation-Building* damit als Aufgabe der nahen Zukunft verstanden, betrachteten ihre aserbaidschanische Kollegen die *Nation* als etwas, das man schlüsselfertig aus der Vergangenheit übernehmen könnte, als etwas, das in den traditionellen Zügen der aserbaidschanischen Gesellschaft tief eingebettet ist. Im Ergebnis verbanden beide Akteursgruppen höchst unterschiedliche Erwartungen und Verpflichtungen mit dem Konzept der *Nation* (vgl. Christophe 1997: 21). Die Letten betonen immer wieder das Moment der Diskontinuität zwischen Vergangenheit und Zukunft. Folglich definieren sie die Überwindung historischer Defizite als dringliche Aufgabe der Gegenwart, die insbesondere in der Dimension der nationalen Integration, das nationale Schicksal wiederholt in einer Katastrophe enden ließ. Eine kritische Rekonstruktion der eigenen Geschichte bereitete damit den Boden für eine Wahrnehmung, der zufolge der Prozess des *Nation-Building* von tiefen Unterbrechungen gekennzeichnet war. Aus dieser Perspektive war eine reflexive und bewusste Identifikation mit der Nation die Voraussetzung für die Fortsetzung dieses Prozesses. Eine solche Identifikation musste sich nicht zuletzt in einer Rekonfiguration der Beziehungen zwischen Staat und Gesellschaft niederschlagen (Luhmann 2005: 21-38; vgl. Christophe 2002: 1233).[1]

Im klaren Gegensatz dazu kannte der aserbaidschanische Modus der Reorganisation zu keiner Zeit Unterbrechungen durch historiographische Rekonstruktion. Vergangenheit und Zukunft wurden in einen kontinuierlichen Strom integriert, der niemals seine Richtung änderte und dementsprechend auch nicht als von gezieltem Handeln in der Gegenwart abhängig betrachtet werden konnte (vgl. Scheide 2008: 117-128; vgl. Christophe 2002: 1233).

> Im Ergebnis konnte in Aserbaidschan *Nation* kaum als symbolischer Bezugspunkt für einen Durchbruch zu Modernität oder als Fundament für den Aufbau eines starken Nationalstaates dienen. Das Nationale wurde hier entweder mit traditionalen Formen der Organisation von sozialen Beziehungen identifiziert oder auf symbolische Formen der Repräsentation beschränkt, die in keinerlei Beziehung zu den drängenden Fragen der Gegenwart standen (Geyer 1998: 653-660). Der Gegensatz zur lettischen Situation könnte nicht größer sein. In Lettland wurde *Nation* als Gemeinschaft von Menschen definiert, die die gleichen Werte und Verpflichtungen teilen. Für einen Letten bedeutet die Einschränkung der individuellen Freiheit zugunsten des Staates, diesen als Regulator individuellen Verhaltens zu akzeptieren. Im Gegenzug erwartet er vom Staat, sich an Regeln zu halten, die als Ausdruck nationaler Traditionen wahrgenommen wurden. Im Gegensatz dazu fühlt sich ein Aserbaidschaner zu allererst von allen Verpflichtungen gegenüber einem Staat entbunden, auf den er niemals einen Einfluss zu haben glaubt (Christophe 2002: 1233).

Das lettische Nationenkonzept förderte einen Souveränitätsbegriff, der vor allem darauf abzielte, die Beziehungen zwischen Staat und Gesellschaft zu erneuern. Er fungierte als Surrogat für Zivilgesellschaft. Indem es das sowjetische Erbe weit hinter sich gelassen hat, leistete es damit einen Beitrag zur Durchsetzung eines modernen, d.h. abstrakten, Modus der sozialen Integra-

---

1 Zum inneren Zusammenhang zwischen der Unterbrechung systemischer Prozesse und der reflexiven Identifikation mit diesem System vgl. Luhmann 2005: 21-38.

tion (Christophe 1997: 21).

Obwohl sie damit Erinnerungen an die Vergangenheit wachriefen, vollzog die lettische Nationalbewegung einen kulturell kreativen Akt der Neuprägung von Identität, die an die Erfordernisse der Modernisierung angepasst wurde. Das erwachende Nationalbewusstsein versprach die Gesellschaft auf neuer Basis zu begründen, indem es die soziale Natur sozialer Integration transformierte und so zur Entstehung neuer, Vertrauen generierender Mechanismen beigetragen hat. Vertrauen entsteht nicht mehr aus der alltäglichen Erfahrung konkreter sozialer Interaktion, sondern vielmehr aus dem Gefühl der Zugehörigkeit zu einer Gemeinschaft von Menschen, die die gleichen Werte teilen. Es ist dieser Begriff des Vertrauens zwischen Individuen, die sich nicht notwendigerweise kennen müssen, sich aber als Mitglieder einer integrierten Gemeinschaft anerkennen, die das enorme Potential von Nationalismus transportiert (Geyer 1998: 653-660). Dieses kreative Potential wurde in Aserbaidschan nicht genutzt. Die Wiederholung sowjetischer Antworten auf die Frage nach der Geburtsstunde der Nation legten die aserbaidschanischen Nationalisten auf eine Reproduktion eines klientelistischen Codes der Inklusion fest, der sich nur notdürftig hinter einer nationalistischen Rhetorik verbarg" (Christophe 2002: 1234).

# 5 Die Liberalisierungsphase in Lettland und Aserbaidschan im Vergleich

Im März 1985 wurde Michael Gorbatschow auf einem außerordentlichen Plenum des Zentralkomitees (ZK) der Kommunistischen Partei der Sowjetunion (KPdSU) zum Generalsekretär des ZK gewählt. Er leitete eine Liberalisierung des Regimes ein, die bald als Glasnost (Offenheit, Transparenz) und Perestroika (Umgestaltung) bezeichnet wurde. Die Staats- und Parteiführung der Sowjetunion hatte begriffen, dass der Staat in einer tiefen wirtschaftlichen und politischen Krise steckt und Reformen benötigte. Gorbatschow war überzeugt, dass der Sozialismus in der sowjetischen Gesellschaft fest verwurzelt ist und Reformen sowie eine Öffnung des Staates nach außen der sozialistischen Ordnung nichts würde anhaben können.
Die Voraussetzung für eine eigenständige Transformationspolitik in Lettland und Aserbaidschan war die Wiederherstellung ihrer nationalen Souveränität und damit der Austritt aus der Sowjetunion. Dieser wäre ohne die sich zuspitzende Systemkrise der Sowjetunion Ende der 80er Jahre nicht möglich gewesen und ihre Auflösung wurde durch die wachsende Einsicht in die Vergeblichkeit der Reformbemühungen eingeleitet. Seit Anfang der 80er Jahre stand die Sowjetunion dem rückläufigen Wirtschaftwachstum und der eskalierten Nationalitätsfrage gegenüber.

## 5.1 Die „singende Revolution" in Lettland

Die idealtypische Einteilung des Systemwechsels in die drei Phasen Liberalisierung, Demokratisierung und Konsolidierung (O'Donnell/Schmitter 1986) lässt sich auch auf die demokratische Transformation in Lettland anwenden. Unter Liberalisierung versteht man die vorsichtige Öffnung des politischen Systems durch die herrschenden Eliten des alten Regimes während des gleichzeitigen Versuchs, weiterhin an der Macht zu bleiben. Scheitert dieser Versuch der Machtsicherung, tritt die Auflösung des alten Regimes ein. Daran schließt sich die Phase der Demokratisierung an, d.h. die Schaffung und Etablierung von neuen demokratischen Institutionen anstelle der alten und autoritären, sowie die Verabschiedung einer neuen Verfassung. Noch vor dem Abschluss dieser Phase beginnt die Periode der demokratischen Konsolidierung. Der erste Impuls zur Transformation in Lettland sollte vom Zentrum Moskau ausgehen. Der Systemtransformation der UdSSR sollte der drohenden Systemkrise durch einen „Wandel von oben“ gegenübergestellt werden.

Die Möglichkeiten der Perestroika wurden in Lettland vielleicht am schnellsten erkannt, wo bis etwa 1987 nationale Fragen offensiver als in Estland und Litauen behandelt wurden und eine öffentliche Thematisierung stattfand (Mattusch 1996: 128-129). Der politische Aufbruch in Lettland begann bereits im Herbst 1986 mit der Gründung der Menschenrechtsgruppe „Helsinki-86“ in Liepaja durch eine Gruppe von Arbeitern. Sie verlangten unter Berufung auf die Schlussakte von Helsinki die Wiederherstellung der national-kulturellen Rechte der lettischen Nation, Verurteilung der stalinistischen Deportationen und Durchführung einer Volksabstimmung über den Austritt aus der UdSSR (Nies 1995: 329; Levits 1990: 146). Die Menschenrechtsgruppe wurde zwar schikaniert, aber nicht strafrechtlich verfolgt. Dies war Ausdruck einer beginnenden Liberalisierung. Sie spielte eine wichtige Rolle als Katalysator des national-politischen Selbstbewusstseins der lettischen Bevölkerung. 1987 begann in Lettland eine Diskussion in der Presse und später auch auf öffentlichen Veranstaltungen über das Thema Umweltschutz. In Riga wurde 1987 der lettische Umweltschutzklub VAK als erste NGO im Baltikum überhaupt gegründet (Lux 2000: 148-149). Die Gründung führte zu massiven Protesten gegen den geplanten Bau eines Wasserkraftwerks bei Daugavpils sowie gegen die geplante U-Bahn in Riga. In dieser Situation gab Moskau nach und stellte die geplanten Projekte zurück (Levits 1990: 146).

Der Weg Lettlands in die Unabhängigkeit ist ab 1988 zwar kontinuierlich, aber vorsichtiger, leiser und unspektakulärer als in den anderen baltischen Ländern und Aserbaidschan verlaufen. Eine für andere osteuropäische Staaten typische Dissidentenszene hat sowohl Lettland als auch Aserbaidschan nicht entwickelt. Aktiver Widerstand beschränkte sich im Folgenden auf Bildungseliten im Untergrund und dem Bereich der Kultur, vor allem der Literatur. Deren Funktion übernahm teilweise das organisierte lettische Exil in Deutschland, Schweden und den USA (Henning 1998: 27; Auch 2009: 39). Dies gewährleistete ihnen Zugang zu den Presseorganen. Das kommunistische Meinungsmonopol konnte durchbrochen werden, und seit 1988 konnte sich ein öffentlicher Meinungspluralismus festigen. Ein zentraler Bereich des *ideological marketplace* war damit für die Zivilgesellschaft eingerichtet (Diamond 1994a: 6). Die Presse diente über ihre Eigenschaft als bloßes Informationsorgan hinaus auch zur Massenmobilisierung. Der Mobilisierung von Bevölkerungsschichten auf dem ökologischen Sektor folgte eine Massenmobilisierung mit der Bezeichnung „Historisches Bewusstsein" (Hermann 1993: 41). Auch nach fast 50 Jahren der Zugehörigkeit zur UdSSR waren weder die Tatsache des zwangsweisen Anschlusses an die Sowjetunion und die Erinnerung an die erste Phase der nationalen Unabhängigkeit zwischen 1918 und 1940, noch das durch die Massendeportationen ausgelöste Leid aus dem Gedächtnis der baltischen Völker verschwunden. Am 14. Juni 1987, dem Jahrestag der ersten großen Massendeportationen im Jahre 1941, kam es in Lettland zur ersten öffentlichen und politischen Demonstration in der sowjetischen Nachkriegsgeschichte. In Lettland fanden diese Protestaktionen in Form von sogenannten Kalender-Demonstrationen an den jeweiligen Gedenktagen statt (Levits 1990: 146-149). Parallel dazu wurden die bisher verbotenen Nationalfahnen gezeigt und alte lettische Lieder gesungen, weshalb diese Bewegung auch als „singende Revolution" bezeichnet wird.

Die förmliche Explosion von neuen gesellschaftlichen Bewegungen innerhalb eines Jahres machte Mitte 1988 einen Zusammenschluss dieser Gruppen notwendig. Dies fand auch durch die Gründung der so genannten Volksfronten statt, die als Netzwerke und Dachorganisationen der Oppositionsgruppen fungierten. Diese Entwicklung lässt sich unter dem Aspekt der Bildung eines gesellschaftlichen Paktes zwischen Reformisten des Regimes und moderaten Kräften der Opposition sehen (O'Donnell/Schmitter 1986: 37ff), also den baltischen Reformkommunisten und den neuen zivilgesellschaftlichen Organisationen. Die Gründung der Volksfronten geschah anfangs als Instrument zur Unterstützung von Gorbatschows Politik der Perestroika. Sie wurde zwar von der Führung der KPdSU scharf kritisiert, von Gorbatschow selbst sowohl in Lettland als auch in Aserbaidschan aber als positive Kräfte bezeichnet und begrüßt (Trapans 1991: 37).

Das Phänomen der Volksfronten sowohl im Baltikum als auch im Südkaukasus ist innerhalb der Demokratisierungsprozesse in Osteuropa einzigartig.

Denn anders als bei den *Runden Tischen* in den Staaten Ostmitteleuropas mit der Ausnahme Polens, die als Gesprächsforen zwischen kleinen Oppositionsgruppen (mit meist unorganisierter Unterstützung der Bevölkerung) und der kommunistischen Staatsführung fungierten, handelte es sich bei den Volksfronten um Massenbewegungen mit hohem Organisationsgrad. Diese hatten weniger durch Verhandlungen, als vielmehr über die KP-Mitgliedschaft eines Teils ihrer eigenen Mitglieder politische Einflussmöglichkeiten, die ihrerseits wiederum aktiv zur Gestaltung des Systemwechsels beitragen konnten (Levits 1990: 146-149).

In Lettland fand Anfang Oktober 1988 der Gründungskongress der lettischen Volksfront statt. Dort konnte sich die Parteiführung der KPL nicht an die Spitze der lettischen Volksfront (LTF) setzen. 1988 waren in Lettland zum ersten Mal seit 1950 alle drei Spitzenämter in Staat und Partei von ethnischen Letten besetzt. Zum Jahreswechsel 1988/89 erfolgte erstmals eine Mobilisierung der reaktionären Kräfte des Regimes und im Januar 1989 wurde die sog. „Internationale Front der Werktätigen" (Interfront) gegründet. Sie verstand sich als politischer Gegenpol zur Volksfront. Ihre Mitglieder bestanden fast nur aus russischen Einwanderern, die keine Verwurzelung im Baltikum gefunden hatten und vielfach eine Kolonialistenmentalität besaßen. Die Interfront setzte auf die durch die frühere offizielle Propaganda vermittelte Vorstellung, dass die Russen als „Befreier" nach Lettland gekommen waren und reagierte mit Empörung auf die „Undankbarkeit" der „ungehorsamen" Letten, die ihre politische Selbstbestimmung anstrebten. Die russische Intelligenz in der RSFSR distanzierte sich von der *Interfront* und unterstütze die *Volksfront*. Der Raum für nationalistische Aktivitäten hatte sich so weit geöffnet, dass sich auch Bewegungen offen artikulieren konnten, die in totaler Opposition zum Regime standen und klar die Forderung nach Unabhängigkeit stellten. Diese radikale Opposition konnte sich allerdings bei keiner Gründung einer Volksfront durchsetzen, und so entstand im Juni 1988 die Lettische Nationale Unabhängigkeitsbewegung LNNK. Die LNNK sah sich als Partner, nicht als Teil der Volksfront.

## 5.2 Die „blutige Revolution“ in Aserbaidschan

Wie für Lettland bedeutete auch für Aserbaidschan die von Michael Gorbatschows Glasnost und Perestroika eingeleitete politische Öffnung der Sowjetunion den historischen Auftakt der Transformation. Die 1985 eigeleiteten Liberalisierungsschritte des neuen Generalsekretärs der KPdSU verstärkten die sich bereits zu Beginn der 80er Jahre abzeichnende Formierung nationaler und stark ethnisch geprägter Protestbewegungen.

Aserbaidschan gehört zu jenen Nachfolgestaaten der UdSSR, welche mit ihren erkundeten und vermuteten Vorkommen an Erdöl und Erdgas von erheblichem weltwirtschaftlichem und damit auch geopolitischem Interesse sind. Mit einer mehrheitlich muslimischen Bevölkerung fühlt sich das Land sowohl dem Kaukasus und der Kaspischen Region als auch Europa zugehörig.

In Aserbaidschan wurden Fragen der nationalen Identität, vor allem definiert über Sprache, Geschichte und Territorium, verstärkt seit dem Ende der 70er Jahre öffentlich diskutiert (Auch 1995: 153-164). Kritikpunkte zu Sowjetzeiten waren insbesondere die Teilung aserbaidschanischen Siedlungsgebietes in einen russischen Nord- und einen iranischen Südteil, die Auseinandersetzung mit der russischen Kolonialherrschaft und dem unabhängigen Aserbaidschan von 1918 bis 1920, der mehrmalige Wechsel des Alphabets (arabische, lateinische, kyrillische Schriftzeichen), die territoriale Aufteilung Südkaukasiens, Deportationen und Zwangsumsiedlungen sowie das absolute Entscheidungsrecht der sowjetischen Zentralgewalt über die Ausbeutung der Erdölvorkommen (Götz/Halbach 1996: 85-87; Auch 2003: 13); Auch 1995: 153-176). Generell waren in Aserbaidschan die oben genannten Kritikpunkte ein wichtiger Grund für die Unzufriedenheit der Bevölkerung und deren Mobilisierung gegen die kommunistische Herrschaft. Hinzu kam, dass eine neue oppositionelle Bildungselite, die in den 70er Jahren verstärkt im In- und Ausland (Moskau) ausgebildet worden war, in den 80er Jahren zunehmend in die Führungspositionen von Wissenschaft, Wirtschaft oder Politik drängte und die Entstehung einer Nationalbewegung vorantrieb (Auch 2009: 31-40; Götz/Halbach 1996: 84-88).

Trotz langjähriger Feindseligkeit und der massiven Verfolgung von Dissidenten kam es schließlich auch im Zentrum zu einem Zusammenwirken von Dissidenten und Reformkommunisten. Gorbatschow holte die Symbolfigur der Dissidenten, Andrej Sacharow, nach Moskau zurück. Dieser erhielt einen prominenten Platz im Volkskongress der UdSSR. Gorbatschow und Sacharow stürzten gemeinsam den Kommunismus, wobei Gorbatschow allerdings die Sowjetunion erhalten wollte (Simon 2005: 288-289).

Eine einheitliche Dissidentenbewegung bildete sich weder in Aserbaidschan, noch in Lettland. Im Vergleich zu Lettland fällt ein Punkt besonders ins Gewicht: die Abwesenheit einer Diaspora im Exil, die in demokratischen Ländern sozialisiert wurde. Zu den wenigen Dissidenten kann man die Namen Äbülfäz Elçibäy und Bäxdiyar Vahabzadä nennen, obwohl der Zweite mit den damaligen Herrschern auch zusammengearbeitet hatte (Gasimov 2009a: 111-115; 117-128). Daneben gab es auch Kräfte in der Partei- und Staatsbürokratie, die im Sinne Gorbatschows die Wirtschaft reformieren wollten oder zur Förderung der eigenen Karriere marktwirtschaftliche Elemente postulierten. Allen diesen Kräften war gemeinsam, dass sie als in der Sowjetunion aufgewachsen sind, russische bzw. sowjetische Ausbildungseinrichtungen durchlaufen hatten, in den russisch-sowjetischen (Schwarz-)Markt integriert und durch Strukturen der zentralen Wirtschafts-, Partei- oder Staatsorgane geformt waren (Auch 2003: 12-14).

Das Ende der sowjetischen Ära war im Süd- und Nordkaukasus vor allem durch die Eskalation ethnisch-territorialer Konflikte geprägt. In der Reformperiode unter Gorbatschow wurden nationale Anliegen und interethnische Probleme artikuliert, die zuvor tabuisiert und unter Verschluss gehalten wurden. Die im russischen Nordkaukasus existierenden autonomen Republiken, von denen heute einige für Russland ernstzunehmende Herausforderungen darstellen, sind ein Zeichen dafür.

Während die neu erwachte nationale Identität in Lettland zum Verständnis von Gemeinwohl und zur Bewältigung gesellschaftlicher Aufgaben beitrug, hat das starke Nationalbewusstsein im Südkaukasus weniger dazu beigetragen, brennende Probleme der Gegenwart zu bewältigen. Wo nämlich die politische Elite nicht bereit war, Nationalismus und Demokratie in Einklang zu bringen, war das Scheitern der Transformation und unter Umständen sogar Krieg vorprogrammiert (Maćkow 2005: 146). Die aserbaidschanische Öffentlichkeit war bereits für Fragen der Vergangenheitsbewältigung sensibilisiert, als am 18. November 1987 durch Aganbenjan auf einem Empfang für Ökonomen in Paris das Problem Berg-Karabach auf internationaler Ebene angesprochen wurde. Das armenische Karabach-Komitee unternahm den Versuch, die Gebietsansprüche zum Prüfstein des Reformwillens von Gorbatschow zu machen (Auch 1994: 8). Ende der 80er Jahre stellte dann in Aserbaidschan der Karabach-Konflikt den Katalysator dar, der die nationale Identitätssuche in akademischen Kreisen mit einem „nationalen Erwachen" in breiten Bevölkerungsschichten verband. Damit war eine gefährliche Politisierung des Nationalismus erfolgt, die von allen oben genannten Gruppen zur Durchsetzung ihrer Machtinteressen genutzt wurde (Götz/Halbach 1996: 85-87). Die Besatzung der aserbaidschanischen Territorien durch Armenien erschwert die Transformation bis heute, weil damit die Machtausübung nicht auf das ganze Territorium verbreitet und der *State-Building*-Prozess nicht abgeschlossen ist.

Unter den genannten Voraussetzungen war es nicht verwunderlich, dass die junge Bildungsschicht zunächst die Initiative ergriff. Ähnlich wie in Lettland brachten die zunehmend nationalistischen Gefühle der aserbaidschanischen Intellektuellen im Sommer 1988 aus dem *Klub der Wissenschaftler Bakus* eine Initiativgruppe zur Schaffung einer Volksfront Aserbaidschans hervor. Der Antrag auf Registrierung dieser Organisation wurde am 14. April 1989 von Wesirow, dem damaligen Generalsekretär der aserbaidschanischen Kommunistischen Partei, abgelehnt. Am 16. Juli 1989 gründete diese Initiativgruppe in Zusammenarbeit mit der informellen Bewegung *Wirklichkeit* (*Varlık*) die *Nationale Volksfront Aserbaidschans (NFA) (Azärbaycan Xalq Cäphäsi AXC*) unter der Leitung einer beratenden Versammlung, des Medschlis (Iyikan 2005: 7).

Die *NFA* bezeichnete sich in ihrem Programm von 1989 als gesellschaftliche Organisation, die für eine grundsätzliche Umgestaltung und Demokratisierung aller Lebensbereiche der Republik eintritt. Das Programm der Volksfront befürwortete genauso wie in Lettland zu Beginn von Gorbatschows Politik der *Glasnost* und *Perestroika*, die für Demokratie, Pluralismus und Menschenrechte mit dem Ziel eines Aufbaus vollwertiger föderativer Strukturen innerhalb der UdSSR stand (Suny 1993: 16ff). Wenn die Aufgabe der lettischen Volksfront ein Ausbau der Souveränitätsrechte war, kam der NFA durch den Ausbau der Souveränitätsrechte und gleichzeitiger Verteidigung der territorialen Integrität des Landes eine Doppelfunktion zu. Die Volksfront in Aserbaidschan war entschlossener und massiver als in Lettland. Ein Gegenpol wie die *Interfront* in Lettland war in Aserbaidschan nicht zu erwarten.

## 5.3 Von der Demokratisierung zur Unabhängigkeit: Wechsel der Prioritäten

Für das Ende der Liberalisierung und den Beginn der Demokratisierung kann in Lettland und Aserbaidschan der Zeitraum zwischen 1988 und 1989 angegeben werden. In dieser Zeit wurden in beiden Ländern Volksfronten gegründet und die alten Symbole der ersten Unabhängigkeit (Fahne, Hymne, Nationalfeiertage) wieder eingeführt. Die während der Liberalisierung entstandenen nationalen Gruppen blieben auch im weiteren Prozess der Demokratisierung maßgeblich. Zu einem institutionellen Machtvakuum und zivilgesellschaftlichen Freiräumen, wie sie typischerweise in einem Liberalisierungsprozess entstehen, und der folgenden förmlichen Explosion der *civil society* während der Demokratisierung kam es hier allerdings nicht (O'Donnell/Schmitter 1986: 49). Eine „Hochzeit" (Lauth/Merkel 1997: 35) der Zivilgesellschaft blieb in Lettland und in Aserbaidschan weitgehend aus.
Als Hauptgrund für den Verlauf des Regimewechsels in Etappen mag die fehlende Eigenstaatlichkeit gelten. Während die autokratischen Regime auf Republikebene relativ schnell in sich zusammenfielen, blieb das System der UdSSR noch bis 1991 bestehen. Daraus resultierend wuchs die Gefahr, dass die Unabhängigkeit Priorität vor der Etablierung der Demokratie bekam. Systemtransformation und Nationalstaatsbildung verliefen zwar synchron, doch je stärker die Unabhängigkeit durch das alte Zentrum in Moskau bedroht wurde, desto mehr wurde der Unabhängigkeit gegenüber dem Demokratieaufbau Vorrang eingeräumt. Die staatliche Kontrolle verblieb in den Händen von kaum veränderten Eliten. Das beschränkte das transitorische Machtvakuum auf ein Minimum.

## 5.4 Die „zurückgestellte" Demokratisierung

Die Formierung des westeuropäischen Staatstyps hat sich historisch in drei Phasen vollzogen: die „Identitätsfindung" mit der Herausbildung des Nationalstaates, die „Verfassungsgebung" mit der Fixierung allgemein anerkannter Rechte und Regime und die „Demokratisierung" als die Phase wachsender Beteiligung der Bevölkerung am politischen Entscheidungsprozess. Im Vergleich zu Aserbaidschan verliefen in Lettland diese drei Phasen simultan (Nikolic 1998: 140).

Sowohl Lettland als auch Aserbaidschan stand vor einer enormen Aufgabe: die gleichzeitige Herstellung demokratischer Institutionen sowie eine diese Institutionen stützende demokratische Gesellschaft. Nationalismus war natürlicherweise das wichtigste Element der Befreiungsbewegungen von 1989 bis 1991. Die Bedeutung des Nationalismus war während der gesellschaftlichen und ökonomischen Krise stärker ausgeprägt, besonders als die Gesellschaft die radikalen und politischen Änderungen durchlief, wie beispielsweise den Übergang von einem politischen Regime zum anderen. Man kann auch feststellen, dass in einigen Kulturen Nationalismus stärker verwurzelt ist als in anderen. Gleichzeitig wird Nationalismus in der Politikwissenschaft auch nicht als stets antidemokratisch betrachtet insofern es Demokratie, Identität und ein starkes Zugehörigkeitsgefühl unter Bürgern fördert und erfordert. Die Zugehörigkeit zu einer Nation ist ohne Zweifel die vorherrschende Eigenschaft der kollektiven Identität von Staatsvölkern, besonders in Gesellschaften mit unterentwickelten politischen, kulturellen oder anderen Identitäten. Postsozialistische Staaten sind Beispiele derartige Gesellschaften.

Im Verlauf des Auflösungsprozesses der UdSSR verlor die Forderung nach Demokratie schrittweise an Bedeutung. Es herrschte zwar in der Bevölkerung Konsens darüber, dass Demokratisierung unverzichtbar bei der Wiedererlangung der Unabhängigkeit sei; wie die neue Demokratie jedoch zu gestalten war, blieb jedoch noch unklar. Dies hatte zur Folge, dass politische Entscheidungen in Lettland primär am nationalen Interesse gemessen wurden. Die Lenkung des Transformationsprozesses geriet in die Hände von Eliten, die sich gegen Partizipationsansprüche verschlossen, vor allem jene der russischen Bevölkerung.

Ein Staat aber, der in seiner Staatlichkeit und inneren Autonomie ständig herausgefordert wird, kann nur schwer demokratisiert und noch schwerer demokratisch konsolidiert werden. Diese Probleme wurden nach 1989 sowohl in Lettland als auch in Aserbaidschan sichtbar. Nach Merkel ist die gesicherte Staatlichkeit eines Landes eine Voraussetzung für erfolgreiche Demokratisierungsprozesse (Merkel 2003a: 237). Dies haben auch Juan Linz und Alfred Stepan prägnant auf die Formel gebracht: „Without a state, there can be no citizenship, without citizenship, there can be no democracy." (Linz/Stepan 1996: 28) Dieser Prozess gilt in Aserbaidschan bis heute als nicht abgeschlossen.

Deutlich ist auch erkennbar, dass Nationsbildung, ökonomischer Umbau und Demokratisierung nicht gleichzeitig zu bewältigen sind. Die Sowjetunion hinterließ in den beiden Länder ein sozial wie politisch schwer belastetes Erbe: auf der einen Seite in Aserbaidschan standen Angehörige des vorher dominanten „Herrenvolkes", die sich plötzlich ihrer politischen, militärischen und sprachlichen Dominanz beraubt sahen; auf der anderen Seite existierte eine Titularnation in Lettland, die den Umgang mit politischen Minderheitenforderungen jenseits der vom Staatssozialismus tolerierten Folklore als fremd und Bedrohung der nationalen Integrität empfand (Rothacher 2002: 37). Das wurde auch in der wissenschaftlichen Literatur vermerkt, wie zum Beispiel bei Merkel, der „das minderheitenfeindliche Regime Lettlands" kritisierte und bemerkte, „dass die demokratische Konsolidierung durch die Existenz zweier antagonistischer Antisystemparteien erschwert wird" (Merkel 1996: 31, 48). Beyme bezeichnete die Lage in Lettland als „exklusive Demokratie", die vor allem ethnische Minderheiten benachteiligt (Beyme 2000: 242).

Die Demokratisierungstendenzen in Lettland dominieren erst seit 1993, nach den ersten Parlamentswahlen zur 5. *Saeima*. Liberalisierung und Demokratisierung sind prozessual verschiedene Stufen. Die erste und letzte demokratische Volksabstimmung in Aserbaidschan fand im Juni 1992 im Zuge der Präsidentschaftswahlen statt.

Liberalisierung kann ohne Demokratisierung existieren. Sie kann bei der Erweiterung individueller Freiheiten von gleichzeitiger Verweigerung politischer Rechte begleitet sein. Nur wenn dennoch einige individuelle und kollektive Rechte gewährt werden, wird es allerdings immer schwerer zu rechtfertigen, warum andere versagt werden. In dem Maße wie die Liberalisierung vorankommt, wachsen auch Forderungen nach Demokratisierung.

## 5.5 Der Zusammenbruch der Sowjetunion und die Unabhängigkeitserklärung Lettlands

Seit Beginn der Bildung einer oppositionellen Bewegung in Lettland bestand die Forderung nach mehr Souveränität der Republik. Am 27. Juli 1989 beschloss der Oberste Sowjet der UdSSR die wirtschaftliche Souveränität der baltischen Republiken (Levits 1990: 153). Dies hinderte die Lettische SSR jedoch nicht, am darauf folgenden Tag ebenfalls eine Souveränitätserklärung abzugeben, die darüber hinaus die umfangreichste der drei baltischen Deklarationen war. Als Ziel wurde die „Wiederherstellung realer staatlicher Souveränität" genannt (Bleiere 2008: 452-464). Inzwischen waren radikale Oppositionskräfte und Volksfront bereits einen Schritt weitergegangen. Die im Mai 1989 tagende „Baltische Konferenz", eine Konferenz der baltischen Volksfronten, verabschiedete eine Erklärung über die Rechte dieser Nationen auf Selbstbestimmung und freie Wahl des eigenen politischen Status.

Entscheidend war die Wahl zum Obersten Sowjet Lettlands am 8. März 1990. Im Wahlkampf ging es um die Frage „erst Unabhängigkeit, dann Demokratie" oder „zur Unabhängigkeit durch Demokratie" (Bleiere 2008: 452-464). Das Ziel als solches wurde jedoch nicht länger in Frage gestellt. Das Bürgerkomitee lehnte die Wahl als illegitim ab, da sie die Sowjetunion als Okkupationsmacht ansahen. Doch die von der Volksfront vertretene Auffassung, man müsse das System mit seinen eigenen Mitteln bekämpfen, setzte sich durch, so dass fast alle Gruppen an der Wahl teilnahmen.

Seit 1989 ist die geschichtliche Wahrheit über die sowjetische Besatzung und Annexion der baltischen Staaten als Tatsache in Lettland voll anerkannt. Schließlich nahm der Volkskongress der UdSSR am 24. Dezember 1989 eine Resolution an, mit der die geheimen Protokolle zum Hitler-Stalin-Pakt verurteilt und von Anfang an als nichtig erklärt wurden. Allerdings enthält die Resolution keine Schlussfolgerung über die Legitimität der Eingliederung der baltischen Staaten in die Sowjetunion (Levits 1990: 159).

Die „Baltische Frage" wurde zu einem jener Momente, die über eine immer rascher verlaufende Entwicklung schließlich zum Zerfall der Sowjetunion führten. Am Ende dieser Entwicklung standen nicht länger reformierte baltische Sowjetrepubliken innerhalb der UdSSR, vielmehr kam es zur Wiederherstel-

lung der staatlichen Unabhängigkeit dieser Staaten (Detlef 1994: 206).
Die Erfahrungen mit dem Verlauf der Transformation zur Demokratie in Lettland haben gezeigt, dass es sich hierbei um einen neuartigen und von Widersprüchen geprägten Prozess handelt. Die öffentliche Teilnahme an Protestkundgebungen löste bei vielen Menschen ein Erwachen des politischen Denkens aus, andere hingegen waren nur Mitläufer und einfach „gegen Moskau“ eingestellt. Dennoch fühlten sich die Oppositionsgruppen als eine nationale Bewegung. Der Anteil der Nichtletten, die sich schon 1989 in der Volksfront engagiert hatten, betrug schätzungsweise 20% (Bumanis 1989: 55). Auch die Intellektuellen spielten eine wichtige Rolle, da sie den Zugang zu Presse und Fernsehen ermöglichten. Einige Mitglieder der alten Eliten, die radikale Änderungen schon vorhersahen, begannen privatwirtschaftlich aktiv zu werden, um sich als Vertreter der neuen ökonomischen Elite zu etablieren.
Die „Doppelregierungsperiode“ begann mit der Unabhängigkeitserklärung Lettlands am 4. Mai 1990. Diese Periode stellte eine Übergangszeit bis zu den Wahlen zum lettischen Parlament dar (Bleiere 2008: 452-464). Einerseits regierte zwar der neu gewählte Oberste Sowjet, anderseits jedoch existierten noch die Machtstrukturen des alten sowjetischen Imperiums: Kommunistische Partei, Geheimdienst (KGB) und die Okkupationsarmee.
Das Streben nach Demokratisierung führte über die Ideen der Perestroika hinaus, da es über den Nationalstaat vermittelt wurde. Aufgrund ihrer historischen Erfahrungen betrachteten die Letten dieses Ziel als logische Konsequenz; die nichtlettischen Teile der Bevölkerung hingegen empfanden diese Politik als ausgrenzend.
Während die autokratischen Regime auf Republikebene relativ schnell in sich zusammenfielen, blieb das System der UdSSR noch bis 1991 bestehen. Parallel zu den innenpolitischen Entwicklungen in Lettland beschleunigten einige Ereignisse auf Unionsebene das Ende der Sowjetunion. Aufgrund von Wahlgesetzänderungen trugen die Wahlen zur Vertretung und Stärkung der Reformkräfte in den jeweiligen Parlamenten bei. Es gab aber auch Versuche, die Unabhängigkeitsbestrebungen und die Auflösung der Sowjetunion mit Gewalt zu verhindern. Ende 1990 und Anfang 1991 spitzte sich die Situation im Schatten des Golfkrieges zu, indem durch gezielte Maßnahmen seitens Moskau versucht wurde, die Lage im Baltikum zu destabilisieren. Der gewaltlose Widerstand in Lettland mit der Mobilisierung zehntausender unbewaffne-

ter „Verteidiger“, die demokratischen Kräfte in Russland sowie auch energischer Protest in den westlichen Ländern verhinderten aber die Einführung der Präsidialverwaltung in Lettland. Die im Februar 1991 abgehaltene Volksbefragung über die Unabhängigkeit Lettlands brachte deutliche Mehrheiten für die Befürworter der Unabhängigkeit, und auch unter den ethnischen Minderheiten gab es eine größer werdende Zustimmung. In der sich zuspitzenden Situation des Moskauer Putsches vom August 1991 verfolgte das Parlament Lettlands das Ziel, die Unabhängigkeit auf dem Verhandlungswege mit Moskau zu erreichen und beschloss die Unabhängigkeitserklärung am 21. August 1991. Am 6. September 1991 folgte die lang ersehnte Presseagenturmeldung: „Der Staatsrat der UdSSR beschloss die Anerkennung der baltischen Staaten“ (Levits 1990: 156-162).

## 5.6 Der Sturz des *Ancien Régime* und die Unabhängigkeitserklärung Aserbaidschans

Die aserbaidschanische Volksfront (NFA) propagierte beim Scheitern der Reformpolitik die umfassende staatliche Unabhängigkeit. Als oberstes Menschenrecht wurde von der Volksfront nicht allgemeiner Wohlstand, sondern die individuelle Freiheit des Menschen eingefordert. Ohne Anhänger des islamischen Staats zu sein, forderte die NFA volle Gewissens- und Glaubensfreiheit, die Beendigung atheistischer Angriffe gegen Religionen und Traditionen und die Wiederherstellung von religiösen Einrichtungen durch die Gesellschaft (Auch 1994: 11-15). Verständlicherweise wurde der nationalen Frage im Programm der NFA eine besondere Bedeutung eingeräumt. Auf Grundlage der Anerkennung der Gleichheit aller Nationen, forderte die NFA die Schaffung bestmöglichster Bedingungen für den Erhalt und die Entwicklung der Sprachen, Kultur und nationalen Traditionen von Russen, Armeniern, Lesginen, Talyshen, Kurden, Juden und anderen ethnischen Minderheiten (Auch 1995: 153-176). Viel entscheidender war die Mobilisierung und Führung einer republikweiten Massenbewegung. Mit ihr wuchs nicht nur die Autorität der Volksfront, sondern auch das Selbstwertgefühl der Aseris. Als Folge des Drucks konnte die NFA ihre Vorstellungen in die außerordentliche Tagung des Obersten Sowjets der Republik Mitte September 1989 einbringen. Nach den Verhandlungen gelang auf dieser Tagung die Annahme des Gesetzes „Über die Souveränität der Aserbaidschanischen Republik“, das damals internationales Aufsehen erregte. Die Eskalation des Berg-Karabach-Konflikts einerseits und die zunehmende Furcht der Zentralregierung und der örtlichen Kommunisten vor ihrer Entmachtung auf der anderen Seite, ließen neue Verbindungen entstehen. Der radikale Flügel der Volksfront antwortete mit der Schaffung eines „Rats für nationale Verteidigung“, mit dem sowohl Vertreter des republikanischen als auch des zentralen Parteiapparates, E. Primakov und A. Girenko, Verhandlungen führten.

Der 15. Januar 1990 brachte eine entscheidende Wende in Aserbaidschan: Das Präsidium des Obersten Sowjet der UdSSR rief den Ausnahmezustand in Berg-Karabach und in einigen anderen Regionen aus, um eine Eskalation zu verhindern (Iyikan 2005: 7). Dem Obersten Sowjet Aserbaidschans wurde vorgeschlagen, eine nächtliche Ausgangssperre über Baku und Gänjä zu verhängen (Auch 1994: 11). Diese Verkündung wurde als proarmenisch und als Angriff auf die nationale Würde des aserbaidschanischen Volkes bezeichnet. Die Bevölkerung unterstützte die Reaktion der Volksfront und forderte den Rücktritt der Führung. Das war eine unmissverständlich starke Bejahung der Unabhängigkeit des aserbaidschanischen Volkes, die sich auch auf die anderen Republiken hätte auswirken können. Die Regierung in Moskau reagierte mit aller Härte. Die Nacht vom 19. zum 20. Januar 1990 blieb in den Köpfen der Menschen Aserbaidschans als blutigstes Ereignis der Perestroika-Ära in Erinnerung. In dieser Nacht rollten die Panzer der Sowjetarmee auf den Straßen Bakus. Die Bilanz dieser militärischen Gewalt belief sich laut eingesetzter Regierungskommission auf 131 Tote im Alter von 14 bis 70 und 744 Schwerverletzte (Auch 1994: 12; Iyikan 2005: 8). Sie führte zum Machtwechsel von Wesirow zu Mutallibow, und zu massenhaften Austritten aus der Partei. In einer Resolution vom Januar 1990 forderte der Oberste Sowjet Aserbaidschans Moskau auf, den Ausnahmezustand zu beenden und seine Truppen aus Baku abzuziehen. Im Mai 1990 wurde die Aserbaidschanische Sozialistische Sowjetrepublik in *Aserbaidschanische Republik*, im November 1990 die Autonome Sowjetrepublik Nachitschevan in *Autonome Republik Nachitschevan* umbenannt (Kayabaşı 2005: 39-41).

Unter dem ersten Präsidenten Aserbaidschans, Ayaz Mutallibow, versuchten die lokalen kommunistischen Kader ihre nationalistische Linie beizubehalten. Mutallibow propagierte den „kontrollierten Übergang zur Marktwirtschaft“ und machte gegenüber Moskau die Unterzeichnung des GUS-Vertrags von Garantien für die territoriale Integrität Aserbaidschans abhängig (Auch 1994: 16). Moskau unterstützte im Karabach-Konflikt Aserbaidschan zu diesem Zeitpunkt stärker als Armenien, das ebenfalls den Austritt aus der Sowjetunion beschlossen hatte (Götz/Halbach 1996: 85-87). Doch dann veränderte der gescheiterte Augustputsch in Moskau die politische Situation. Das Parlament verkündete am 30. August 1991 die Wiederherstellung der staatlichen Unabhängigkeit, und betrachtete diese als Erbe der Aserbaidschanischen Demokratischen Republik von 1918 bis 1920 (Gasimov 2009: 132-133). Der Beitritt zur UdSSR im Jahre 1922 wurde widerrufen.

Im Südkaukasus kam es zu den blutigsten Kollisionen zwischen der Bevölkerung und sowjetischen Sicherheitskräften, so zum Beispiel in Tbilissi am 9. April 1989 und in Baku am 19. und 20. Januar 1990. Sie übertrafen in ihrem Ausmaß die Ereignisse im Baltikum (vgl. Gasimov 2009: 132-133). Unsicherheit, Gewalt und interethnische Konflikte setzten hier Flüchtlings- und Migrationsströme in Gang und veränderten die ethnische und soziale Struktur einer ganzen Region (Auch 2009: 36). Wenngleich es auch Unterschiede in Motivation und Gewichtung der Forderungen gab, so prägte doch die Überlagerung verschiedener Konfliktebenen und -typen den Weg der drei südkaukasischen Staaten in die Unabhängigkeit. Das Ringen um größere Souveränität gegenüber der Moskauer Zentralgewalt ging einher mit vertikalen Konflikten zwischen Republikgewalten und nationalen Gebietskörperschaften (Autonome Republiken oder Gebiete), und der Ausbruch horizontaler Konflikte zwischen verschiedenen Ethnien war begleitet von politischen Kämpfen innerhalb der nationalen Eliten (Auch 2009: 36).

# 6 Der Systemwechsel in Lettland und Aserbaidschan im Vergleich

## 6.1 Politische Entwicklungen seit der Unabhängigkeit

Das die Volksfront einende Ziel der politischen Unabhängigkeit war damit erreicht. Typisch für die lettische und aserbaidschanische Volksfront war, dass sich in ihr sehr unterschiedliche Koalitionspartner zugunsten eines gemeinsamen Ziels vereinten. Dabei traten Differenzen zutage, brachen Konflikte aus und zerbrachen Koalitionen.

Für die Suche nach Modellen gibt es zwei Orientierungspunkte, in denen alle Diskussionen gebündelt zusammenlaufen und die die Anzahl möglicher Optionen reduzieren. Der erste liegt in der eigenen, positiv besetzten Vergangenheit, auf die man sich beziehen kann. Ein typisches Beispiel hierfür war die Orientierung an der demokratischen Zwischenkriegsverfassung in Lettland nach dem Zusammenbruch der kommunistischen Herrschaft. Der zweite Bezugspunkt sind vergleichbare historische Situationen und die in ihnen gefundenen institutionellen Problemlösungen. Haben die Staaten keine positiv oder negativ besetzten Orientierungspunkte in ihrer eigenen Vergangenheit, dann wird die Bezugnahme auf ähnlich gelagerte historische Situationen dominant. Typisch dabei ist für Aserbaidschan bzw. die GUS-Länder die Orientierung am Modell des semi-präsidentiellen Regierungssystems der V. Französischen Republik.

Nach der internationalen Anerkennung ihrer Unabhängigkeit war für Lettland der Neuaufbau der eigenen Staatlichkeit die vorrangigste Aufgabe. Die baltischen Staaten sind die einzigen ehemaligen Sowjetrepubliken mit einer historisch unabhängigen Staatlichkeit und parlamentarischen Demokratie in der Zwischenkriegszeit. Diese Zeit der „Ersten Republik“ in Lettland ist der Bevölkerung im Bewusstsein geblieben. Im Falle Aserbaidschans hingegen ist das Bestehen einer „ersten Republik“ von 1918 bis 1920 jedoch kaum im nationalen Gedächtnis verankert. Dieser Abschnitt der Geschichte war ein für die

Letten weitaus wichtigerer Identifikationspunkt bei der Gestaltung ihres politischen Systems als die über fünfzigjährige Zugehörigkeit zur Sowjetunion. Ein Mitarbeiter des schwedischen Außenministeriums sprach sogar von einer „retroaktiven Revolution“ im Baltikum, eine Revolution, die ihre Vorbilder nicht in der Zukunft, sondern in der Vergangenheit sucht (Freden 1994: 338). Diese Erfahrungen unterscheiden die Letten von den Aserbaidschanern und verbinden Lettland mit den Staaten in Ost- und Mitteleuropa.

Lettland und Aserbaidschan waren im Unterschied zu den ehemaligen sowjetischen Satellitenstaaten in Europa jedoch politisch und ökonomisch voll in die Sowjetunion integriert. Sie konnten keine eigene Außenpolitik betreiben und hatten keine diplomatischen Vertretungen in der Welt. Das Fehlen eigener staatlicher Strukturen unterschied Lettland und Aserbaidschan im Jahre 1991 von den mittelosteuropäischen Ländern. Wie alle postkommunistischen Länder standen Lettland und Aserbaidschan vor dem „Dilemma der Gleichzeitigkeit“ des Systemwechsels vom Autoritarismus zur Demokratie mit dem Übergang von einer staatlich gelenkten Plan- hin zu einer Marktwirtschaft. Zusätzlich mussten Lettland und Aserbaidschan die Transformation von einer fremden Dominanz zu eigener, unabhängiger Staatlichkeit bewältigen (Nörgaard 1995: 4). Das heißt, sie waren dazu gezwungen aus den bisherigen von Moskau abhängigen Republikorganen, eigene staatliche Institutionen zu bilden. Diese mehrfache Transformation war umso schwieriger, da die Fremdherrschaft einige für den Demokratisierungsprozess zusätzlich belastende Erbschaften hinterlassen hatte.

Es musste nicht nur ein fundamentaler Wechsel des Wirtschaftssystems stattfinden, sondern zugleich mussten eigene nationale Volkswirtschaften durch Entflechtung der Wirtschaftsbeziehungen zur Sowjetunion geschaffen werden. Als weitere Belastung für den Transformationsprozess kam die Gefahr des offenen Ausbruchs ethnischer Konflikte hinzu. Als Folge der sowjetischen Nationalitätenpolitik, musste Lettland eine hohe Anzahl von Zuwanderern aus anderen Sowjetrepubliken in ihren Staatsverband integrieren. Im Südkaukasus ist es nicht gelungen, die Eskalation der ethnisch-territorialen Konflikte zu vermeiden.

## 6.2 Staatsaufbau und Demokratisierung in Lettland

In Lettland setzte sich, wie auch in Estland, eine rechtliche Identifizierung mit der ersten Republik durch. Im Gegensatz zu den beiden anderen baltischen Staaten wurde in Lettland jedoch keine neue Verfassung verabschiedet, sondern das Grundgesetz der ersten Lettischen Republik von 1922, die „*Satversme*“, wieder in Kraft gesetzt. Der in der Verfassung (*Satversme*) fehlende Grundrechtsteil wurde durch ein sogenanntes Verfassungsgesetz vom 10. Dezember 1991 eingeschoben. Erst im Oktober 1998 erhielt die Verfassung selbst einen besonderen Grundrechtsteil (Henning 2008: 275-283). Seitdem verfügt Lettland über ein einheitliches Verfassungsdokument und das Verfassungsgesetz verlor damit seine Gültigkeit.

Die *Satversme* konnte aber erst nach der Wahl einer neuen Volksvertretung 1993 in Kraft treten, bis dahin galt die alte, ergänzte sowjetlettische Verfassung, soweit sie dem Grundgesetz des Jahres 1922 nicht widersprach (Bungs 2002: 180). Am 22. August 1991 erklärte der Oberste Rat die Wiedereinsetzung der Verfassung von 1922. Doch die in der *Satversme* vorgesehenen politischen Institutionen wie ein legitimes lettisches Parlament oder ein Staatspräsident existierten noch nicht. Tatsächlich funktionierte das Land zwischen 1991 und 1993 ohne Verfassung (Bungs 1992: 63). Die erste Parlamentswahl nach der Unabhängigkeit ließ noch bis zum 5. Juni 1993 auf sich warten. Bis dahin amtierte der aus den Wahlen von 1990 hervorgegangene *Oberste Sowjet*, der in *Oberster Rat* umbenannt wurde. Daher traf der Oberste Rat keine verbindlichen Beschlüsse in der Staatsbürgerschaftsfrage und unternahm keine Schritte zur Ausarbeitung einer neuen Verfassung. Die verlängerte Übergangsperiode bis zu den Parlamentswahlen 1993 führte zu einer starken Zersplitterung der politischen Landschaft.

Das neue Parlament (*Saeima*) setzte im Jahre 1993 die Verfassung von 1922 wieder vollständig in Kraft, und die Übergangsgesetze aus der Zeit der Transformation zur Unabhängigkeit wurden dadurch aufgehoben. Seit seiner Unabhängigkeit bemühte sich Lettland um den vollständigen und raschen Abzug der Einheiten der ehemaligen Sowjetarmee, die ungleich größer waren als die kleinen nationalen Armeen der drei baltischen Länder (Schlomann 1993: 10ff). Durch harte Verhandlungen sowie Druck aus dem Westen kam im April

1994 ein Abkommen zustande, demzufolge die Truppen bis August 1994 aus Lettland abziehen mussten. Dieses Abkommen muss als historischer Durchbruch und wichtiger Schritt auf dem Weg zur vollständigen Souveränität betrachtet werden (Bungs 2002: 180).
Der politische Reformprozess der Republik Lettland war nach Erlangung der Unabhängigkeit, den ersten freien Wahlen, der Wiedereinsetzung der Vorkriegsverfassung und dem Abzug der ehemals sowjetischen Truppen abgeschlossen.

## 6.3 Exil-Letten als „demokratischer Motor" Lettlands?

Die meisten Einwohner Lettlands, lettisch-stämmige ebenso wie Angehörige anderer Nationalitäten, die im Zweiten Weltkrieg in den Westen gelangt waren, sammelten sich zunächst in den *Displaced-Persons*-Lagern in Deutschland. Nach Schätzungen des Lettischen Roten Kreuzes von 1945 betrug die Zahl der aus Lettland stammenden *Displaced Persons* unmittelbar nach dem Krieg ca. 130 000. Davon waren die meisten in Deutschland, Österreich, Dänemark und Schweden. Ab 1947 kam es zur verstärkten Übersiedlung von Letten nach Großbritannien, in die USA, nach Australien und Kanada, die bis ungefähr 1951 anhielt (Bleiere 2008: 441-442).
Ungeachtet der Tatsache, dass ein Teil der Exil-Letten die lettische Kollaboration mit den Nazis verherrlichte, brachte die exil-lettische Gemeinschaft auch demokratisches Gedankengut hervor und war in der Lage, dieses während der Transformation nach Lettland zu transferieren.
Der unter den im Westen lebenden Letten verwendete Begriff „Diaspora" belegt, dass sie sich als Exilanten betrachteten. Das hängt mit der Auswanderungswelle in der zweiten Hälfte der 40er Jahre des 20. Jahrhunderts zusammen. Die Sowjetunion sprach von „streunenden" Letten. Die Anwendung des Begriffes „Diaspora" jedoch ermöglicht einen wissenschaftlichen Zugang, ohne gleichzeitig die Tatsache des Exils zu leugnen. Diaspora ist ein sehr viel weiter gefasster Begriff, der das Exil wie auch die erst in jüngster Zeit aus ökonomischen Gründen ins Ausland übergesiedelten Letten mit einschließt (Berdnikovs 2007: 110).

Die Exil-Letten haben in den 70er und 80er Jahren aktiv mit ihrer Heimat Kontakt gehalten. Die Exilgesellschaft interpretierte diese Aktivitäten unterschiedlich. Die Zusammenarbeit von Exil-Letten, wie den Dichtern Vielta Toma und Olafs Stumbrs oder der Wissenschaftlerin Vaira Vike-Freiberga, mit den dortigen offiziellen Institutionen, wie dem Schriftstellerverband und der Akademie der Wissenschaften, wurde von vielen Emigranten heftig kritisiert (Bleiere 2008: 441-445).

Der Eintritt einer relativ jungen Generation von Emigranten in die Politik führte nicht nur zu einer Neubewertung der Kontakte mit der Heimat. Auch der Kampf für die Wiederherstellung der Unabhängigkeit Lettlands wurde in vielerlei Hinsicht effektiver, denn die Jugend war im Westen ausgebildet worden. Sie beherrschte die Sprachen der Aufnahmeländer und wurde überwiegend in den demokratischen Staaten des Westens sozialisiert. Zu den wesentlichsten Zielen der Exil-Letten gehörte der Kampf für die Wiederherstellung der staatlichen Unabhängigkeit Lettlands, die Befreiung von der Besatzungsmacht, die Wiedererrichtung einer demokratischen Ordnung und das Weiterbestehen des lettischen Volkes (Bleiere 2008: 441-445).

Beim Aufbau der Demokratie leisteten die Exil-Letten große Unterstützung nach der Wiedererlangung der Unabhängigkeit. Zunächst nahmen sie im Hintergrund Einfluss auf Personalentscheidungen und stiegen dann rasch selbst in verschiedene Ämter auf. Die starke politische Beteiligung der aus dem westlichen Exil kommenden Letten war auffällig (Ludwig 2000: 85). Erster Minister aus dem Exil wurde Egils Levits. Zahlreiche Exil-Letten waren Botschafter. Im Sommer 1992 arbeiteten schon 162 Letten aus dem Exil im Regierungsapparat in Riga, sowie zahlreiche weitere in Not-for-Profit-Organisationen und Schulen (Nies 2009: 214). Am 17. Juni 1999 wurde die Exil-Lettin Vaira Vike-Freiberga zur Staatspräsidentin gewählt.[2] Die Exil-Letten waren ein „Geschenk" für die Etablierung der Demokratie in Lettland. Dieses Phänomen und seine Wirkung blieben in Aserbaidschan aus. Als Gegenbeispiel wurde sehr oft die armenische Diaspora genannt. Selbst die große armenische Diaspora, die ebenfalls als eine Chance zur Demokratisierung dieses Landes verstanden wurde, erbrachte keine derartigen Entwicklungen, wie sie in Lettland erzielt worden waren. Dies lag darin begründet, dass die

2 Lebenslauf der lettischen Staatspräsidentin Dr. Vaira Vike-Freiberga, in: http://www.president.lv/pk/content/?cat_id=16&p&lng=de, 16. April 2009.

Sowjetunion und das heutige Russland weiterhin als „Beschützer" Armeniens im Kaukasus gilt (Halbach 2008: 75; Manukian 2008: 1). Geschichte und Gegenwart der armenischen Diaspora ist gegen die Türkei bzw. auf die Anerkennung der Massaker als Genozid an den Armeniern auf internationaler Ebene gerichtet. Tatsache ist, dass selbst nach der erlangten Unabhängigkeit Armeniens, kein Diaspora-Armenier eine Führungsposition besitzt und infolgedessen keinen Beitrag zur Demokratisierung Armeniens leisten konnte.

## 6.4 Staatsbildung und Demokratisierung in Aserbaidschan

Wie instabil die politische Entwicklung in Aserbaidschan im Vergleich zu Lettland im Schatten des Karabach-Kriegs verlief, zeigt der dreimalige Machtwechsel von Mutallibow über Elçibäy zu Alijew zwischen 1991 und 1993 und eine Reihe von Putschversuchen.

Der im September 1991 erste gewählte Präsident der neuen Republik, Ajaz Mutallibow, der bereits seit dem 24. Januar 1990 Vorsitzender des Obersten Sowjets war, leitete entscheidende Maßnahmen zur wirtschaftlichen Transformation ein. Sein Programm war die Grundlage für Reformgesetze, die aufgrund wirtschaftlicher Zwänge auch die Mitarbeit in der GUS realistisch mit einschlossen: Machtstabilisierung, kontrollierter Übergang zur Marktwirtschaft, territoriale Integrität der Republik ohne eine Ausgliederung Karabachs (Auch 1994: 15-16). Flankiert von einer Sozialgesetzgebung ging seine Regierung an die Schaffung der wichtigsten juristischen Grundlagen für marktwirtschaftliche Strukturen. Bereits im Januar 1992 machte sie mit einem Investitionsschutzgesetz und entsprechenden Bank-, sowie Gewerbegesetzen den Weg zu einer Öffnung des Landes gegenüber ausländischen Investitionen frei. Fast zwei Monate später wurde der Präsident jedoch durch das Parlament zum Rücktritt gezwungen. Die Ursachen seines Scheiterns verdeutlichen die Probleme des Transformationsprozesses (Auch 2003: 14):

- Sämtliche Reformansätze waren in Aserbaidschan der Eigendynamik des Karabach-Problems unterworfen, über das die Regierung mit dem Vordringen armenischer Verbände in Berg-Karabach die Kontrolle verloren hatte;

- Während traditionelle, sowjetisch geprägte Gefolgschaftsprinzipien reaktiviert wurden, blieb der Aufbau einer Bürgergesellschaft auf der Strecke;
- Innerhalb von Ministerien, Behörden sowie in den einzelnen Gebietsverwaltungen verbreitete sich die Erkenntnis, dass es auf lokaler und nationaler Ebene Macht und damit Einfluss und Reichtum zu verteilen gab;
- Der Zerfall der Unionsstrukturen einschließlich Armee und Sicherheitsapparates, die sozialen Krisen sowie Flüchtlingsströme führten zur Radikalisierung von Machtkämpfen. Diese schlossen auch den Einsatz bewaffneter Gewalt ein, während die Regierung hingegen noch kein nationales Gewaltmonopol beherrschte;

Am 17. Mai 1992 trat Mutallibow als Präsident der Republik ab. Bis zu den Neuwahlen übernahm der damalige Vorsitzende des Parlaments Yaqub Mämmädov die Regierungsgeschäfte. Inzwischen wurde auch die Stadt Schuscha von den Armeniern eingenommen und es war nunmehr klar, dass der Vorsitzende der Volksfront Äbülfäz Elçibäy bei den nächsten Präsidentschaftswahlen antreten sollte (Kayabaşı 2005: 37-48).
Unter Vorsitz Isa Gambars, dem NFA-Aktivisten und Wiederbegründer der erstmals 1911 gegründeten Musawat-Partei, wurden Neuwahlen vorbereitet.[3] Am 7. Juni 1992 siegte mit 59 Prozent der abgegebenen Stimmen Äbulfäz Elçibäy, Vorsitzender der NFA, als stärkste Oppositionsbewegung (Götz/Halbach 1996: 87). Diese Präsidentschaftswahlen in Aserbaidschan wurden von internationalen Organisationen als erste demokratische Wahlen im GUS-Raum gewertet (Bertelsmann Transformation Index 2003: S. 8). Heydär Alijew war während dieser Wahlen auf der Grundlage der Altersgrenze von 65 Jahren von der Kandidatur ausgeschlossen (Auch 1994: 23).
Die Regierung von Äbülfäz Elçibäy hat mit einigen Maßnahmen einen Beitrag zur Demokratisierung geleistet: dazu gehörten die Einführung eines Aufnahmeverfahrens an Universitäten in Form eines einheitlichen Tests für Studenten aller sozialen Schichten und eine Sprachenreform mit der Einführung der lateinischen Schrift. Vor allem wurde aber die schnelle Beendigung des Krie-

3 Die Regierungspartei der ersten bürgerlich-demokratischen Republik zwischen 1918 und 1920.

ges ohne Gebietsverluste und die Ausarbeitung und Durchsetzung einer neuen Verfassung erwartet. Diese Verfassung sollte politischen Pluralismus, bürgerliche Grundrechte und gesamtgesellschaftliche Demokratisierung e-benso festschreiben wie Menschenrechtsschutz und soziale Marktwirtschaft. Dies sollte unter der Bedingung einer Emanzipation gegenüber Moskau und der Öffnung des Landes gegenüber den Nachbarstaaten und Westeuropa geschehen. Neuwahlen sollten die neuen Machtverhältnisse auf allen Ebenen legalisieren. Mit der Amtsübernahme Elçibäys wurden Demokratie, Turkismus und Islam von der neuen Führung als Leitmotive staatlicher Politik deklariert, wobei der Garantierung der Menschenrechte Vorrang gegenüber Turkismus und Islam als wesentliche Bestandteile der „nationalen Wiedergeburt" eingeräumt werden sollte. Erklärtes Ziel war der Aufbau eines Rechtsstaates und einer entwickelten Zivilgesellschaft (Auch 1994: 19).

In der öffentlichen Wahrnehmung war seine einjährige Präsidentschaft ein "Experiment der Opposition". Zunächst sah sich die neue Regierungsmannschaft mit dem Grundproblem des Krieges um Berg-Karabach konfrontiert. Konsequent der bis dahin vordergründigen Propaganda gegen Moskau und der alten Unionsstrukturen folgend, wurde die Deklaration über die Gründung der GUS, die von Mutallibow 1991 in Alma-Ata noch unterzeichnet worden war, nicht ratifiziert, während das GUS-Mitglied Armenien am 15. Mai 1992 auch den kollektiven Sicherheitsvertrag unterzeichnete und sich damit entsprechende Garantien im Konflikt mit Aserbaidschan sicherte. Dies führte zur Verschlechterung der Beziehungen mit Russland. Aserbaidschan trat vorerst der GUS nicht bei, während Lettland niemals ein Mitglied wurde (Auch 1994: 19-23). Im Vergleich zu Lettland bekam Aserbaidschan keine Unterstützung von Europa bei der Demokratisierung. Anfang der 90er Jahre des 20. Jahrhunderts war der Südkaukasus für die EU eine „fremde" Welt.

Zwar wurde versucht, den mit der Nichtratifizierung des GUS-Status verbundenen Bruch in den Beziehungen zu den Nachfolgestaaten der Union und die enormen Kriegslasten durch Kontakte mit dem „großen Bruder" Türkei und das Erdölgeschäft mit ausländischen Partnern zumindest teilweise zu kompensieren, aber auch hier ging man von Fehleinschätzungen über Wirtschaftskraft und Investitionsbereitschaft der Partner aus, die von Seiten der neuen Opposition kritisiert wurden.

Auch im Wirtschaftsbereich sollte diese Konzeptlosigkeit zum Verhängnis werden, denn das Fehlen eines eigenständigen Wirtschaftsprogrammes verzögerte und deformierte nach Meinung der Kritiker der Volksfront den wirtschaftlichen Transformationsprozess. Mit seinem Machteintritt blockierte Elçibäy zunächst die Weiterführung der Wirtschaftsreformen und setzte auf einen „allmählichen Übergang ohne Schocktherapie" wie in Russland.

Ein dritter wichtiger Kritikpunkt war die ausbleibende Demokratisierung. Sowohl die angekündigten Parlamentswahlen als auch die Annahme einer neuen Verfassung wurden ständig mit dem Argument des „Kriegszustandes" verschoben. Hinzu kam der Verlust der Karabach benachbarten Provinzen im Ergebnis der Frühjahrsoffensive armenischer Verbände 1993. Als die Regierung allein den Militärs die Schuld an den Verlusten zuschrieb, forderten am 6. Juni 1993 paramilitärische Verbände Süret Hüseynovs im Bündnis mit Regierungstruppen in einem "Marsch auf Baku" den Rücktritt des Präsidenten und der Ruf nach einer „starken Hand" wurde immer lauter (Auch 1994: 23-24). In dieser prekären Lage gelang es dem Parlamentspräsidenten der autonomen Provinz Nachitschewan, Heydär Alijew, als dem von der Verfassung vorgesehen Vermittler ein Blutbad zu verhindern und Kompromisse auszuhandeln. In der Nacht vom 17. zum 18. Juni verließ Elçibäy die Hauptstadt in Richtung Nachitschewan und machte den Weg frei für die Ablösung der Volksfront.

Ein weiterer relevanter Fakt muss dabei erläutert werden. Am 24. September 1993 unterzeichnete Aserbaidschan den GUS-Beitrittsvertrag. Der Grund des Beitritts Aserbaidschans in die GUS liegt vermutlich in Alijews machtpolitischen Kalkulationen. Die russische Armee, die im Mai 1993 ihren Stützpunkt in Gäncä aufgab, wurde de facto von Russland unterstützt als sie Hüseynov bei seinem Putschversuch Militärtechnik und Soldaten zur Verfügung stellte. Unter derart komplexen politischen Umständen wandte Heydär Alijew mit der Unterzeichnung des GUS-Beitrittsvertrags eine ausgeklügelte Wahltaktik an, denn die Präsidentschaftswahlen fanden schon acht Tage darauf statt (Iyikan 2005: 127-128). Damit konnte er sich die politische Unterstützung Russlands sichern. Am 3. Oktober 1993 wurde der ehemalige KGB-Chef und KP-Sekretär Alijew, nachdem er das Amt zuvor kommissarisch innehatte, zum Präsidenten der Republik gewählt. Er nahm systematisch Kurs auf eine „Stabilisierung" der politischen und wirtschaftlichen Verhältnisse im Lande und strebte die Festigung seiner persönlichen Macht an. Seine Politik zeichnete sich aus durch (Auch 2003: 14-15):

- die Abrechnung mit politischen Gegnern und den Aufbau eines von ihm kontrollierten Machtapparates. So legalisierte er das direkte Regieren über Erlasse und Direktiven, baute einen Präsidentenapparat auf, der parallel zum Parlament und zum Ministerkabinett arbeitete und scheute nicht davor zurück, Separationsbewegungen militärisch niederzuschlagen.
- die Fortführung wirtschaftlicher Reformen. Dazu gehörten Verträge mit internationalen Erdölkonsortien über die Erschließung von Offshore-Lagerstätten, die Einwerbung von Auslandskapital, Normalisierung des Finanzmarktes, Verbesserung des Investitionsschutzes, Erschließung neuer Einnahmequellen für den Staatshaushalt, Stabilisierung der Geldpolitik mit Hilfe von IWF und Weltbank.
- eine ausgewogene Außenpolitik. So kam es im Mai 1994 zum Waffenstillstand im Konflikt um Berg-Karabach, und es gelang die relative außenpolitische Isolation des Landes zu durchbrechen.

Mit den Wahlen eines neuen 125-köpfigen Parlaments, die mehrheitlich Mitglieder der Partei "Neues Aserbaidschan" waren, sowie der Annahme einer neuen Verfassung am 12. November 1995, war der Prozess der Stabilisierung der Präsidialgewalt weitgehend abgeschlossen.

Theoretisch hätte mit der Verabschiedung der aserbaidschanischen Verfassung die Demokratisierungsphase (wie 1993 in Lettland) beendet sein und mit der Konsolidierung der Demokratie begonnen werden können. Dies war in Aserbaidschan jedoch nicht der Fall. Trotz der Tatsache, dass freie und faire Wahlen in Aserbaidschan früher (Juni 1992) als in Lettland (1993) stattfanden, gelang es nicht, diese im Sinne einer „demokratischen Tradition“ zu etablieren.

Der Machtwechsel in Aserbaidschan im Jahre 1993 kann mit einem ähnlichen Beispiel aus der Geschichte Lettlands des Jahres 1934 verglichen werden. Der am 16. Mai 1934 gewählte Ministerpräsident Lettlands Karlis Ulmanis führte die seit 1918 existierende Demokratie aufgrund der Schwäche der politischen Institutionen und der Weltwirtschaftskrise in den Autoritarismus (Vgl. Garleff 2004: 98).

## 6.5 Politische Eliten in Aserbaidschan: Ein Neuanfang mit alten Kadern

Anders als in Lettland, dessen politische Elite mit westlich sozialisierten Bürgern aus dem Exil aufgefüllt werden konnte, kamen in Aserbaidschan postsowjetische Parteikader an die Macht. Die meisten Politiker wie auch die zivilgesellschaftlichen Akteure kommen in Aserbaidschan zumeist aus der kommunistischen Nomenklatura. Typischerweise begannen diese Politiker ihre Karrieren in der nachstalinistischen Zeit. Sie machten die verschiedenen Kurswechsel im Realsozialismus mit und versuchten die möglichst uneingeschränkte Herrschaft der Kommunistischen Partei als Grundlage ihrer Privilegien zu schützen. Noch zur sowjetischen Zeit entdecken sie den Nationalismus als eine Art Ersatzlegitimation ihrer Herrschaft und setzen ihn geschickt, d.h. ohne die Prinzipien des Sozialismus in Frage zu stellen, dort ein wo der Marxismus-Leninismus versagte (Maćkow 1999: 1369-1370). Dieser Opportunismus erwies sich speziell in Aserbaidschan in Verbindung mit der Instrumentalisierung nationaler Ideen und Gefühle als gefährlich und behinderte die Demokratisierung. In Aserbaidschan wurde die politische Elite nach 1993 wieder von ehemaligen kommunistischen Funktionären dominiert. Es bestand die Gefahr, dass die Stimmungen in der Bevölkerung von dieser Elite für die eigenen politischen Zwecke und ohne Rücksicht auf das Gemeinwohl populistisch genutzt werden.

Das konkrete Handeln der ersten postkommunistischen politischen Führungen war für die Nutzung bzw. das Verstreichen der Demokratisierungschance ausschlaggebend. Zum Erfolg bedurfte es überzeugter Demokraten an der Macht, was in Aserbaidschan ausblieb. Wie banal es auch klingen mag: Eine Demokratie bedarf zwar keiner Gesellschaft, in der alle Bürger auch Demokraten sind; doch ohne Demokraten, zumal in der Regierung und der politischen Elite, kommt sicherlich keine Demokratie aus. „It is by now a cardinal tenet of empirical theory that stable democracy also requires a belief in the legitimacy of democracy“ (Diamond 1994: 13).

Es waren schließlich konkrete Personen, die seit dem politischen Umbruch vor der Herausforderung standen, die ihnen zugefallene und nach den Gründungswahlen zwar mit demokratischer Legitimität versehene, doch sich nach wie vor institutionell auf alle Bereiche erstreckende posttotalitäre Macht einzuschränken (Maćkow 1999: 1369ff). In Aserbaidschan waren die Machthaber nicht willens den demokratischen Verfahrenskonsens zu respektieren. Aufgrund dessen sanken die Chancen eines erfolgreichen Übergangs zur pluralistischen Demokratie erheblich.

# 7 Der Um- und Neubau von Institutionen in Lettland und Aserbaidschan im Vergleich

## 7.1 Das Regierungssystem der wiedereingesetzten Verfassung aus dem Jahr 1922 in Lettland

Der Um- und Neubau von Institutionen (*institution building*) als Grundlage für organisatorische Bedingungen ist für die Transformation der postsozialistischen Staaten von kritischer Bedeutung. Dieses *institution building* bedeutet eine fundamentale Umgestaltung jener sozialistischen Staatlichkeit. Nicht nur die staatlichen Verwaltungsstrukturen im engeren Sinne, sondern auch die mit dem totalen Machtanspruch der Partei gesteuerte gesellschaftliche Wirklichkeit mussten umgestaltet werden.

Bei der Typisierung von Regierungssystemen, auch im Kontext der Demokratisierung und Konsolidierung, gilt Lettland als *parlamentarische Republik*, bei der das Parlament der wichtigste Impulsgeber bei Regierungsbildungen und Regierungsrücktritten ist, und gleichzeitig als wichtigste Institution zur Kontrolle der Regierungsarbeit fungiert. Im parlamentarischen Regierungssystem Lettlands kommt dem Parlament eine Schlüsselstellung zu (Reetz 2008: 230-231).

Das politische Gemeinwesen konstituiert die *Verfassung*. Die Wirkung einer Verfassung, also deren Legitimität, und die Effektivität, mit der sie die politischen Institutionen und den politischen Prozess prägt, hängen direkt mit dem Prozess ihrer Entstehung zusammen. Die Ablösung der sozialistischen Verfassungen in Osteuropa erfolgte auf unterschiedlichen Wegen. Die meisten Staaten revidierten zunächst die geltende Verfassung gemäß der von ihr vorgeschriebenen Prozedur, d.h. durch ein verfassungsänderndes Parlamentsgesetz.

Lettland stellt hier jedoch einen Sonderfall dar. Lettland stand Anfang der 90er Jahre für eine westeuropäische Ausrichtung und strebte sowohl aus wirtschafts- als auch in sicherheitspolitischer Sicht eine möglichst schnelle und enge Anbindung an die Europäische Union bzw. die NATO an. Gleichwohl war und ist Lettland auch teilweise heute noch ein postsowjetischer Staat, der sich seit 1991 auf dem Weg der Transformation befindet. Lettland war die einzige ehemalige Sowjetrepublik, die nach ihrer Unabhängigkeitserklärung keine neue Verfassungsgebung anstrebte, sondern seine vorsowjetische demokratische Verfassung aus dem Jahre 1922 wieder einführte, was wiederum den Übergang im Verlauf der institutionellen Systemtransformation beschleunigte (Schmidt 2003: 72-80).

In allen Verfassungen Osteuropas ist das Prinzip der Demokratie verankert. Auch Elemente der direkten Demokratie sind zu finden. So können Referenden durchgeführt werden; obligatorische Referenden sind im Falle des Beitritts zu einem Staatsverband (z.B.: der EU) vorgesehen. Gesetzesinitiativen können auch vom Volk eingebracht werden.

Lettland ging noch einen Schritt weiter und billigt dem Volk das Recht zu, mittels einer gewissen Zahl von Unterstützerstimmen eine Gesetzesvorlage selbst dem Volksentscheid zu stellen. Die Verfassung als solche stellt keinen Dauerkonflikt im politischen System Lettlands dar. Allerdings fordern immer wieder Parteien und einzelne Politiker eine Änderung, nämlich den lettischen Staatspräsidenten vom Volk wählen zu lassen. Eine solche Änderung der Verfassung hätte Konsequenzen für das politische System Lettlands und wäre ein Einstieg in ein semipräsidentielles Regierungssystem. Die Verfassung räumt dem Parlament eine deutliche Vorrangstellung gegenüber dem Präsidenten ein, da dieser vom Parlament mit seiner Mehrheit gewählt wird.

### 7.1.1 Der Präsident

Genau wie in anderen parlamentarischen Systemen hat der Präsident Lettlands hauptsächlich symbolische Funktionen und repräsentative Vollmachten. Jedoch kann der jeweilige Amtsinhaber eine extrem wichtige und sogar eine entscheidende Rolle während einer politischen Krise haben. Gerade die Transformationssituationen zeichnen sich durch eine besondere Kontingenz, d.h. Unvorhersehbarkeit und Abhängigkeit von kurzfristigen Einflussfaktoren, aus. Vor diesem Hintergrund kommt politischen Akteuren und den Entscheidungen von Einzelpersonen ein überproportionales Gewicht im politischen Prozess zu (Henning 2001: 91).

Innerhalb der Kompetenz des Präsidenten liegen bedeutende politische Aufgaben, wie die Ernennung des Kandidaten für die Position des Premierministers, die Proklamation der angenommenen Gesetze durch die *Saeima* und die Ernennung der Botschafter Lettlands. Zwar ist der Staatspräsident gemäß Artikel 56 der Verfassung formal dazu befugt, den Ministerpräsidenten vorzuschlagen, jedoch muss er dabei die Mehrheitsverhältnisse im Parlament berücksichtigen (Schmidt 2002: 224). Diese Rechte des Präsidenten sind von großer Bedeutung im politischen Leben Lettlands.

Die Verfassung (*Satversme*) schreibt vor, dass der Präsident für einen Zeitraum von vier Jahren durch das Parlament mit absoluter Stimmenmehrheit gewählt wird, das heißt durch die Unterstützung von mindestens 51 Abgeordneten. Der Staatspräsident vertritt Lettland in internationalen Angelegenheiten und ihm steht ein Vetorecht zu, wodurch er innerhalb von sieben Tagen die erneute Behandlung einer Gesetzesvorlage verlangen kann (Schmidt 2002a: 115-118). Diese Rechte wurden bei Entwicklung der bedeutenden und weitreichenden Änderungen zu den verschiedenen Gesetzen in der Innen- und Außenpolitik, einschließlich des Gesetzes über Staatsbürgerschaft, angewendet. Falls die *Saeima* den Entwurf erneut mit einfacher Mehrheit annimmt, muss das Staatsoberhaupt das Gesetz unterzeichnen (Schmidt 2002: 224).

Der Präsident proklamiert die durch die *Saeima* verabschiedeten Gesetze. Der Präsident hat nicht das Recht das Parlament aufzulösen, aber er kann ein Referendum für die Auflösung des Parlaments und die Abhaltung einer neuen Wahl vorschlagen. Wenn das Referendum durchfällt, wird der Präsident seines Amtes enthoben und das Parlament wählt einen neuen Präsidenten (Schmidt 2002a: 115-118). Das bedeutet, dass der Präsident in Osteuropa stärker als in westlichen Demokratien eine Symbolfigur ist und Funktionen eines nationalen Identifikationsobjektes wahrnimmt.

### 7.1.2 Das Parlament

Die lettische Volksvertretung versuchte bewusst an die Zeit der „Ersten Republik“ zwischen den beiden Weltkriegen anzuknüpfen. Nach den Wahlen 1993 wurde die Verfassung aus dem Jahr 1922 wieder vollständig in Kraft gesetzt. In der lettischen Verfassung nimmt die aus 100 Mitgliedern bestehende *Saeima* die zentrale Stellung unter den Staatsinstitutionen des Landes ein. Die politische Gewalt liegt in den Händen dieses Parlaments. Die *Saeima* wählt den Präsidenten und die Regierung; sie ernennt außerdem die Richter. In die *Saeima* werden in einer allgemeinen direkten und geheimen Verhältniswahl 100 Abgeordnete von den Wahlberechtigten gewählt (Reetz 2008: 231-243). Nach der Wahl können die Abgeordneten nicht abberufen werden. Die Regierung ist allein dem Parlament verantwortlich. Spricht das Parlament dem Ministerpräsidenten das Misstrauen aus, muss entsprechend Artikel 59 der Verfassung das gesamte Kabinett zurücktreten (Schmidt 2003: 86). Damit erweist sich Lettland als parlamentarisches Regierungssystem. Die Amtszeit des Parlaments beträgt vier Jahre und es bestimmt und wählt die Staatskontrolleure, den Generalstaatsanwalt, die Richter und den Präsidenten der Zentralbank. Weiterhin ist die *Saeima* bei der Bestellung des neuesten Staatsorgans Lettlands, dem Verfassungsgericht, beteiligt (Reetz 2008: 231-243). Wegen des Vorrangs des lettischen Parlaments in der Verfassung kam ihm eine zentrale Bedeutung im Transformationsprozess zu. Von seiner Effizienz hing der Verlauf des schwierigen Übergangsprozesses ab. Der Hauptteil der parlamentarischen Arbeit wird in Ausschüssen geleistet; deren Gliederung nach Sachgebieten entspricht weitestgehend den Arbeitsbereichen der Ministerien. Die Haupttätigkeit der *Saeima* ist die gesetzgeberische Arbeit, denn laut Verfassung liegen die legislativen Vollmachten nur beim Volk und beim Parlament (Schmidt 2002: 225-242). Gesetze initiieren können in der *Saeima* der Staatspräsident, die Regierung, ihre Ausschüsse oder mindestens fünf Abgeordnete und ein Zehntel der wahlberechtigten Bevölkerung in einem Volksbegehren.

Direkt spielt die *Saeima* nur eine eingeschränkte Rolle in den Gesetzesvorbereitungen. Die Gesetzentwürfe werden hauptsächlich von der Regierung in den entsprechenden Ministerien entwickelt, wobei die *Saeima* in diesem Prozess eine modifizierende Rolle wahrnimmt (Schmidt 2002: 225-242). Die Arbeit wird im Wesentlichen durch den Finanzhaushalt eingeschränkt. Die zugeteilten Mittel reichen nicht aus, um leistungsfähige parlamentarische Ausschüsse zu bilden oder Sachverständige mit Analysen zu beauftragen, obgleich die Gesetzgebung Lettlands die Einplanung derartiger Mittel vorschreibt.

### 7.1.3 Die Regierung

Die starke parteipolitische Fraktionierung des lettischen Parlaments erschwert die Regierungsbildung und Mehrheitsfindung. In den ersten zehn Jahren seiner Unabhängigkeit hat Lettland bereits zehn Regierungen erlebt. Nahezu jedes Jahr wurde eine Regierung gestürzt. Lettlands exekutive Macht besteht aus einer Regierung, die vom Premierminister geführt wird. Um seine Aufgaben durchzuführen, muss die Regierung das Vertrauen der *Saeima* erwerben und sie ist der *Saeima* gegenüber verantwortlich (Schmidt 2002a: 123-127).

Der Kandidat für das Amt des Premierministers muss eine Regierung bilden und die Mehrheit in der *Saeima* gewinnen. Dies ist jedoch schwierig, weil die Mehrheit im Parlament nicht immer der größten Partei angehört. Intensive politische Beratungen unter den Beteiligten, auch zwischen dem Präsidenten und den Abgeordneten vor der Ernennung des Premierministers sind im postsozialistischen Lettland die Regel. Die Regierung besteht aus dem Ministerpräsidenten und den Ministern, die von ihm ernannt werden. Der Ministerpräsident kann einen oder mehrere Staatsminister für spezielle Aufgaben ernennen (Schmidt 2002a: 123-127).

### 7.1.4 Das Gerichtssystem

Eine der ersten Aufgaben nach Wiederherstellung der Unabhängigkeit war die Einrichtung eines unabhängigen Gerichtssystems. Eine Vielzahl von Gesetzen wurde angenommen, die zu Institutionsverbesserungen im Gerichtswesen und zur Weiterentwicklung des Gerichtssystems in Richtung Demokratie führten (Schmidt 2002a: 141-142).

In Lettland ist eine dreistufige Gerichtsverfassung gebildet worden, die aus dem Bezirks- oder Stadtgericht, einen regionalen Gericht sowie dem Höchsten Gericht besteht. Nach der Wiederherstellung der Unabhängigkeit 1992, ersetzten jüngere Richter 50% der Richter aus den sowjetischen Zeiten. Bis zum Ende der 90er Jahre verbesserte sich jedoch die Situation schrittweise. Heutzutage gibt es genügend Rechtsanwälte, die bereit sind sich um den Posten eines Richters zu bewerben (Schmidt 2002a: 141-142).

Die Gesetzgebungstätigkeit seit Mitte der 90er Jahre ist stark von der Annäherung des Landes an die Europäische Union geprägt. Bei der Umsetzung der Gesetze kommt der lettischen Verwaltung große Bedeutung zu. Laut Angaben der EU lag hier eines der Hauptprobleme bei der lettischen Rechtsangleichung an die Vorgaben Brüssels. Die Behörden gelten oft als korruptionsanfällig und die Qualität ihrer Arbeit wird von der EU als niedrig bewertet. Die Europäische Kommission hat sich jedoch in ihren jährlichen Fortschrittsberichten insgesamt positiv zur Tätigkeit des lettischen Parlaments geäußert. Die politischen Institutionen haben auch mit einem großen Misstrauen der öffentlichen Meinung zu kämpfen. Die Mehrheit der Bevölkerung Lettlands hält die Abgeordneten für korrupt und für unfähig auf die Probleme des einfachen Bürgers einzugehen. Die Bevölkerung Lettlands verknüpfte mit der Wiederherstellung der Unabhängigkeit die Erwartung einer schnellen Steigerung des Lebensstandards und einer raschen Annäherung an das Niveau der westlichen Staaten. Dies erwies sich allerdings als eine Illusion, und für den größten Teil der Bevölkerung bedeutete der schwierige Transformationsprozess in wirtschaftlicher Hinsicht einen negativen Einschnitt. Die euphorische Zeit des „dritten nationalen Erwachens“ zwischen 1988 und 1991 schlug in große Enttäuschung über den ausgebliebenen materiellen Wohlstand um.

## 7.2 Konsolidierungsprobleme in Lettland

### 7.2.1 Korruption

Ein zentrales Konsolidierungsproblem der baltischen Demokratien ist die Korruption. Insbesondere für Lettland geben internationale Organisationen wie die Weltbank oder *Transparency International* und nationale Organisationen wie Delna hier schlechte Noten an. In der Bewertung der baltischen Länder durch *Transparency International* war Lettland bis 2008 immer hinter Estland und Litauen platziert. Seit 2008 gilt es als weniger korrupt als Litauen.[4] Ende der 90er Jahre galt Lettland noch als eines der korruptesten Länder Europas (Nissinen 1999: 205).

Das größte Problem im Zusammenhang mit Korruption ist die Missachtung

4 Transparency International 2008 Corruption Perceptions Index, in: http://www.transparency.de/Tabellarisches-Ranking.1237.0.html.

staatbürgerlicher Pflichten der Bevölkerung, einschließlich der ökonomischen und politischen Eliten. Unternehmer versuchen weder Steuern, noch soziale Abgaben für ihre Mitarbeiter abzuführen. Leider lässt sich Korruption sehr schlecht objektiv messen, und die meisten Untersuchungen gehen daher von Umfragen aus (Reetz 2003: 144). Eine Bevölkerung, die es nicht zuletzt auch aufgrund sowjetischer Propaganda gewohnt ist, in Einfachheit zu leben, hat Schwierigkeiten den Gesellschaftswandel zu begreifen: das Entstehen verschiedener Schichten mit ihren unterschiedlichen Interessen und die Existenz eines Lobbyismus derartiger Interessengruppen, gehören in Demokratien zum politischen Alltag. Stattdessen sind die Menschen dazu geneigt, Vermögen und Reichtum generell als Resultat von Korruption zu betrachten. Zu dieser Wahrnehmung trug nicht zuletzt auch die Tatsache bei, dass in den Transformationsstaaten die politische Auseinandersetzung oftmals von einem Verteilungskampf um die noch im Staatsbesitz befindlichen Güter begleitet war (Reetz 2003: 144).

Der Privatisierungsprozess der Unternehmen setzte spontan ein: in Einzelfällen gründete das Management eigene Firmen und teilweise wurden Konkurrenten bedroht oder eingeschüchtert, damit diese nicht an den Privatisierungsaktionen teilnahmen. Dabei fiel auf, dass sich in den meisten Fällen Personen beteiligt und bereichert haben, die keine ethnischen Balten, sondern Russen waren. Dieser hohe Anteil liegt in der Dominanz der ethnischen Russen im Management während der Besatzungszeit begründet (Winkelmann 2007: 217).

Die Korruption wurde in Lettland nach der politischen Wende durch fehlende Rechtssicherheit und Privatisierungen begünstigt. Methoden, die heute als illegal bezeichnet werden würden, waren damals noch legal (Nissinen 1999: 202f).

Aber Korruption findet nicht nur auf der Ebene der nationalen Politik statt. Lettische Wissenschaftler weisen darauf hin, dass ihr Land eine bürokratisch arbeitende Verwaltung von der Sowjetunion, wie auch eine negative Grundeinstellung der Bevölkerung gegenüber der Verwaltung des Staates „geerbt“ habe. Positionen im öffentlichen Dienst wurden von ambitionierten Mitarbeitern oftmals eher als Sprungbrett in die Marktwirtschaft genutzt (Reetz 2003: 144-146). Der erwähnte Mangel an Kenntnissen und Erfahrungen – die Sowjetunion hatte die private und öffentliche Sphäre gründlich voneinander entfremdet und alles Politische weitestgehend diskreditiert – erschwert die Partizipation an einem demokratischen System für die Bevölkerung. Dabei darf allerdings nicht verschwiegen werden, dass die politische Elite und die Beamtenschaft ebenfalls ein Teil der Gesellschaft ist. Die schlecht bezahlten Beamten und Mitarbeiter im öffentlichen Dienst nutzen mitunter ihre Position, um für eigentlich kostenlose Dienstleistungen der Verwaltung Bestechungsgelder zu kassieren. Somit entsteht zwischen Einwohner und Staat ein Käufer-Verkäufer-Verhältnis (Reetz 2003: 144-146).

### 7.2.2 Die Minderheitenfrage

Es gibt genügend Gründe, um Lettland als funktionierende Demokratie zu betrachten. Zugleich muss jedoch eingeräumt werden, dass es noch nicht gelungen ist, zu eine sämtliche Bevölkerungsgruppen integrierenden Nationalstaat zu werden.

In Lettland leben derzeit rund 2,3 Millionen Menschen. Die Letten stellen mit etwa 1,3 Millionen die größte Bevölkerungsgruppe. 35% der Einwohner Lettlands sind russischsprachig (Russen, Weißrussen, Ukrainer u.a.). Im Zuge der von Moskau forcierten Industrialisierung der Lettischen SSR kamen nach dem Zweiten Weltkrieg zehntausende russischsprachige Arbeitsmigranten nach Lettland. Die von Moskau gesteuerte Migration führte dazu, dass der Anteil der Titularnation an der Gesamtbevölkerung von 75% (Stand der letzten Volkszählung im unabhängigen Lettland 1935) auf 52% (Stand der letzten sowjetischen Volkszählung 1989) sank. Die Einwanderer lebten und arbeiteten in vorwiegend russischsprachiger Umgebung und vernachlässigten daher oft das Erlernen der lettischen Sprache (Rasma 1994: 152). Die daraus resultierende Spaltung der Gesellschaft in einen russisch- und einen lettischsprachigen Teil blieb während der Sowjetzeit unter dem Deckmantel der Propaganda von Brüderlichkeit und Völkerverständigung verborgen.

Die russische Sprache ist zur Identifikation mit Lettland bedeutsamer als die ethnische Zugehörigkeit (Dorodnova 2003: 22-23). Auch im Geschichtsbild der in Lettland ansässigen Russen, Weißrussen und Ukrainer pflegten diese ihre respektiven Identitäten. Die drei Gruppen werden daher im Folgenden unter der Bezeichnung „russischsprachige Bevölkerung" zusammengefasst.

Lenvai gibt zu bedenken, dass es falsch und politisch gefährlich sei, National-

oder Heimatgefühle zu dämonisieren und die nationale Selbstbefreiung mit einer nationalistischen Expansion zu verwechseln. Im Gegenteil war dies der Antrieb für „die Befreiung vom kommunistischen System". Artikel 1 des Zusatzprotokolls der Europäischen Menschenrechtskonvention betrachtet als Minderheit eine Gruppe, die „in einem Staat ansässig" ist und mit dem Staat „seit längerer Zeit feste und dauerhafte Bindungen" pflegt. Das trifft auf etliche Russen nur teilweise zu: sie wurden nicht durch Grenzverschiebungen zu Minderheiten in Lettland, sondern waren dorthin politisch gewollt übergesiedelt und damit in gewisser Hinsicht Kolonisten (Lendvai 1995: 90ff).

Lettland hatte 1991 zunächst das rechtlich fortbestehende Staatsangehörigkeitsgesetz von 1919 wieder in Kraft gesetzt. Mit der Novelle des Staatsbürgerschaftsgesetzes von 1994 wurde die Möglichkeit der Einbürgerung der seit 1940 eingewanderten Sowjetbürger und 1995 der rechtliche Status der verbleibenden Sowjetbürger und Staatenloser geregelt. Nach der Liberalisierung dieser umstrittenen Einbürgerungsregelungen im Jahre 1998 besaßen inzwischen 18,3% der Einwohner noch gesonderte Ausweispapiere als „Nichtstaatsbürger" (Henning 2008: 276). Das Staatsangehörigkeitsrecht wurde als Instrument verwendet, um mit dem Sowjetsystem abzurechnen (Wezel 2008: 153; Levits 1993: 59-62).

Die Politik des lettischen Staates wurde von Wissenschaftlern vielfach als Ethnokratie oder Ethnozentrismus charakterisiert und von internationalen Akteuren wie der OSZE scharf kritisiert (Linz/Stepan 1996: 401-433). Aufgrund der anhaltenden Exklusion eines großen Teils der russischen Minderheit muss Lettland als eine defekte, um präziser zu sein, als eine „exklusive Demokratie" bezeichnet werden (Merkel et al., 2003: 158).

## 7.3 Die Etablierung des semipräsidentiellen Regierungssystems in Aserbaidschan

Die Entstehung politischer Institutionen ist in der Transformationsforschung als wichtiger Moment im Prozess der Demokratisierung anerkannt. Die Diskussion um institutionelle Faktoren als Maßstab für den Erfolg oder Misserfolg von Transitionen hat in letzter Zeit deutlich an Bedeutung gewonnen. Hier konzentriert sich die Auseinandersetzung vor allem auf die Dichotomie und die relevanten Vorteile von präsidentiellen oder parlamentarischen Regierungssystemen. Die überwiegende Mehrheit der Autoren bescheinigt den parlamentarischen Regierungssystemen günstigere institutionelle Bedingungen für friedliche Entwicklung und die Stabilisierung junger Demokratien (Lijphart 1992: 5ff; Linz 1988, 1990: 7ff; Rüb 1996: 111). Im Gegensatz zur parlamentarischen Demokratie in Lettland, entschied sich Aserbaidschan, im Rahmen des Neuaufbaus der politischen Institutionen, für die semipräsidentielle Regierungsform.

Nach der Verfassung ist Aserbaidschan eine Präsidialrepublik mit einem Einkammerparlament. Diese Nationalversammlung wird als Milli Medschlis bezeichnet und besteht aus 125 Abgeordneten, wobei alle Mandate in direkter Mehrheitswahl für fünf Jahre vergeben werden. Staatsoberhaupt ist der Präsident, der in geheimer und allgemeiner Wahl direkt vom Volk für eine Periode von fünf Jahren bestimmt wird (Helmerich 2006: 142). Das Parlament verabschiedet den Staatshaushalt und kann ein Amtsenthebungsverfahren gegen den Präsidenten einleiten, wofür jedoch hohe Hürden zu überwinden sind. Die Verfassung sieht eine Gewaltenteilung zwischen Exekutive, Legislative und Judikative vor. In der Verfassungsrealität nimmt der Präsident mit weitgehenden exekutiven Vollmachten eine dominierende Stellung ein. Er ernennt und entlässt das Kabinett unter Vorsitz des Premierministers nach eigenem Ermessen. Die Zustimmung des Parlaments ist nur zur Ernennung des Premierministers erforderlich. Sie entfällt jedoch, wenn das Parlament nach einwöchiger Frist keine Entscheidung über den Vorschlag des Präsidenten trifft oder diesen dreimal ablehnt (Luchterhandt 2002: 348-362).

An der Ausübung der gesetzgebenden Gewalt ist der Präsident maßgeblich beteiligt. Er verfügt über das Recht der Gesetzinitiative und kann gegen Gesetzesbeschlüsse ein Veto einlegen, das nur mit Zweitdrittelmehrheit aller Abgeordneten überantwortet werden kann. Darüber hinaus steht ihm ein selbstständiges Verordnungsrecht zu, das praktisch nur durch den Vorrang der Gesetze beschränkt ist. Im Falle eines vorzeitigen Rücktritts des Präsidenten übernimmt der Premierminister dessen Amtsaufgaben. Eine wichtige Säule der Präsidentenmacht ist die Kontrolle des Sicherheitsapparates. Die Ministerien für Inneres und Nationale Sicherheit sind dem Präsidenten direkt unterstellt (Helmerich 2006: 142).

In der semi-präsidentiellen Demokratie spielt der in Direktwahl bestellte Staatspräsident die Schlüsselrolle und mit seiner Person sind große Hoffnungen der Bevölkerung verbunden. Er wird nach O'Donnell vom Wahlvolk als „Personifizierung der Nation" betrachtet, die weitergehend freie Hand im Regieren hat (O'Donnell 1996: 98-100). Diese Charakterisierung trifft auf die politische Kultur in Aserbaidschan zu.

## 7.4 Das „System der gescheiterten Demokratie" in Aserbaidschan

Die politischen Entwicklungspfade Aserbaidschans und Lettlands und die daraus resultierenden politischen Systeme miteinander zu vergleichen, ist eine Aufgabe von sehr hoher Komplexität. Mit Ausnahme Lettlands und des übrigen Baltikums entwickelten sich praktisch alle GUS-Staaten zu einem Raum, in dem die Systemtransformation in Richtung Demokratie und Rechtsstaatlichkeit bislang scheiterte. Hier etablierten sich „hybride" Systeme, in denen Demokratie allenfalls imitiert wird.

Zunehmend wird die Bezeichnung „hybrides System" zur Kennzeichnung der Systeme der gescheiterten Demokratisierung benutzt. Dahinter steht die Feststellung, dass sich das Herrschaftssystem in Aserbaidschan nicht mehr als Übergangsregime begreifen lässt, dessen demokratische Defizite wie unfaire oder gefälschte Wahlen, mangelnde Rechtstaatlichkeit oder ausgehöhlte Gewaltenteilung im Laufe der Zeit schon überwunden wurden. Stattdessen zeigte sich, dass diese Defizite systematischer Natur sind (Wiest 2006: 67).

In der Transformationsforschung zum postsowjetischen Raum fristete der Begriff des Autoritarismus lange Zeit ein Schattendasein. Zu Beginn der 90er

Jahre des 20. Jahrhunderts dominierte im Bezug auf Aserbaidschan und anderen GUS-Staaten das Paradigma der *transition to democracy*, d.h. die Annahme, dass sich nachsowjetische Staaten irgendwie in Richtung Demokratie bewegen würden. Zwar zeichnete sich ab, dass sich die Demokratie in Aserbaidschan nicht „konsolidieren" und die Demokratisierung stattdessen zu einem Stillstand kommen würde. Es lässt sich jedoch nicht beobachten, dass die Transformationsforschung zur Beschreibung dieses Zustandes auf den Begriff des Autoritarismus zurückgegriffen hätte (Klein 2007: 197-200).

Stattdessen wurde Aserbaidschan als „hybrides Regime" (vgl. Karl 1995: 72-84; Rüb 2002: 99-118) definiert. In der Transformationsforschung existieren verschiedene Termini zur Bezeichnung von gescheiterter Demokratisierung. Diese Terminologie der „Demokratie mit Adjektiven" spricht von „delegativer" „begrenzter", „autoritärer" Demokratie und reicht bis zu dem im deutschsprachigen Raum wohl bekanntesten Konzept der „defekten Demokratie". Obwohl in Aserbaidschan Elemente von Demokratie vorhanden sind, kann sein politisches System wohl kaum als Demokratie bezeichnet werden. In Bezug auf Aserbaidschan sagen die von verschiedenen Autoren verwendeten Adjektive wenig aus. Da es sich bei diesem Staat um ein politisches System handelt, das sich aus dem Autoritarismus oder Totalitarismus heraus entwickelt hat und niemals eine funktionierende Demokratie gewesen ist, wird es „von Geburt an" als defekt betrachtet. „Defekt" besagt aber lediglich, dass es sich nicht um eine „perfekte" Demokratie handelt. Diese Beschreibung gilt aber auch für solche Demokratien, an deren Konsolidierung keine Zweifel bestehen: etwa wegen verfassungswidriger Parteifinanzierungen, Korruption oder Partizipationsschwächen.

Warum soll ein politisches System in Aserbaidschan, das Bürgerrechte und Gewaltenteilung missachtet und noch keine Regierung durch wirklich freie und faire Wahlen hervorgebracht hat, nicht mit dem Terminus des Autoritarismus bezeichnet werden? Oder ist hier mit einer steckengebliebenen Demokratisierung wirklich ein genuin neues politisches System entstanden, das sich nicht in die bisherige Trias der Herrschaftsformen (Demokratie, Autoritarismus und Totalitarismus) einordnen lässt?

| | **Autoritäres Regime** | **Hybrides Regime** | **Demokratisches Regime/Polyarchie** |
|---|---|---|---|
| *a) Herr-schafts-legitimation* | begrenzter Pluralis-mus | **freie und faire Wahlen;** *plebiszitä-re* politische Reprä-sentation<br>dominant | **freie und faire Wah-len;** *repräsentative* politische Repräsen-tation durch politi-sche Parteien<br>dominant |
| *b) Herr-schafts-ausübung* | Willkürlich und (weit-gehend) unbegrenzt; nur teilweise durch rechtliche Regelun-gen abgedeckt | **Herrschaft durch Recht**<br>(Dekrete, Verord-nungen, Ermächti-gungen oder Gene-ralklauseln domi-nant) | **Herrschaft durch Recht**<br>(Allgemeines Gesetz durch Parlament dominant) |
| *c) Herr-schafts-struktur* | **„formally ill-defined";**<br>Starke und unkontrol-lierte Exekutive | **„formally ill-defined",**<br>nur schwach aus-geprägte horizonta-le Kontrolle der E-xekutive durch Ge-waltenteilung | formal klar definierte *und* faktisch funktio-nierende horizontale Kontrolle der Exeku-tive (v.a. durch Ver-fassungs-Gerichte) |
| *d) Herr-schafts-umfang* | **unbegrenzt,** faktisch „quite predictable" und Begrenzung nur durch Selbstbegren-zung | **entgrenzt,** weil rechts-staatliche Schranken und ho-rizontale Kontrollen nur gering ausge-prägt sind | **Herrschaft** ***des*** **Rechts,** also **be-grenzt,** Bindung der Gesetzgebung, Ver-waltung und der E-xekutive an (Grund-)Rechte und Verfas-sung |

*Quelle:* Rüb 2002: Rekombination von zentralen Merkmalen demokratischer und autoritärer Regime im „hybriden Regime".

Friedbert Rüb stellt die Regierungsform des hybriden Regimes anhand von vier Merkmalen dar: 1) der *Herrschaftslegitimation*, 2) der *Herrschaftsausübung*, 3) der *Herrschaftsstruktur* und 4) des *Herrschaftsumfangs* (Rüb 2002: 105-106). Es verdeutlicht, dass „hybride Regime" der Definition entsprechend Merkmale sowohl autoritärer als auch demokratischer Regime beinhalten, sie also weder dem einen noch dem anderen Regimetypus eindeutig zuzuordnen sind und deshalb als eigenständiger Regimetypus konzeptionalisiert werden können. Aufgrund dieser vier Merkmale soll das politische System oder „hybride Regime" Aserbaidschans analysiert und erklärt werden.

### 7.4.1 Die Herrschaftslegitimation

Für ihre *Herrschaftslegitimation* berufen sich hybride Regime auf die mehr oder weniger auf allgemeinen und freien Wahlen beruhende demokratische Legitimität (Rüb 2002: 107). Hier stellt sich die Frage nach dem Warum.
Das „hybride Regime" in Aserbaidschan unterscheidet sich von undemokratischen Systemen anderer Typen wie z. B. von nichtkonstitutionellen Monarchien, die sich auf Tradition stützen; von unverhohlenen Diktaturen, welche die Armee als Machtbasis verwenden und auf eine demokratische Fassade verzichten können; von totalitären Systemen, denen ihre Ideologie als Alternative zur Demokratie dient. Allerdings kamen auch die totalitären Systeme des 20. Jahrhunderts, die kommunistischen und im geringerem Maße auch die faschistischen Systeme, nicht ganz ohne eine demokratische Fassade aus. Es gab Wahlen, wenn auch alternativlose; es gab Verfassungen, wenn diese auch grundsätzlich außerrechtliche Bestimmungen enthielten; es gab Parlamente, auch wenn sie alle Entscheidungen einstimmig absegneten. Die kommunistischen Regime bezeichneten sich als „Volksdemokratien". Diese systematische Heuchelei zeugt davon, dass die totalitären Ideen selbst in ihrer Blütezeit keine vollkommene Alternative zur demokratischen Legitimation bieten konnten (Furman 2006: 4-5). Auch später entstanden keine ideologischen Alternativen zur Demokratie: Während des Zusammenbruchs der Sowjetunion erklärte Aserbaidschan einen demokratischen Rechtsstaat errichten zu wollen.
Ebenso imitieren die „hybriden Regime" in Aserbaidschan und anderen GUS-Staaten Demokratie. In Aserbaidschan bewegt sich die Auseinandersetzung

im Rahmen eines demokratischen Diskurses. Aufgrund dessen würde hier kein Herrscher auf die Idee kommen, ganz auf demokratische Legitimation zu verzichten. Zwar können Wahlen auf ein Ritual reduziert werden, aber ohne dieses Ritual kommt keine Regierung in Aserbaidschan aus (vgl. Furman 2006: 6). Zwar kann Verfassung als Feigenblatt dienen, aber ohne ein solches Feigenblatt traut man sich nicht vor das Volk. Die bisherigen Wahlen, mit Ausnahme der Präsidentschaftswahlen von 1992 (Präsidentschaftswahlen 1993, 1998, 2003 und 2008; Parlamentswahlen 1995, 2000 und 2005), wurden von westlichen Wahlbeobachtern und internationalen Organisationen durchweg als undemokratisch eingestuft (Freedom House 2008: 97-116; Bertelsmann Transformation Index 2008: 1-3; Klein 2007: 197-224; Babayev 2006: 33-43; Helmerich 2006: 135-148; Badalow 2004: 179-202; Halbach 2003: 2ff;).

Die Opposition in Aserbaidschan ist durchaus lernfähig, hat jedoch wegen der jahrelangen politischen Marginalisierung und ihrer nur rudimentären Integration in das politische System erhebliche Personal- und Mobilisierungsprobleme.

Zugleich offenbart sich die Schwäche der Opposition. Die außenpolitisch in den Kernfragen (West- und Türkeiorientierung, iran- und russlandkritische Haltung, fehlende Kompromissbereitschaft im Berg-Karabach-Konflikt) weitgehend mit der Regierung übereinstimmende Opposition versteht es nicht, die weit verbreitete soziale Unzufriedenheit in ihrem Sinne zu kanalisieren. Fehlende Kompromissbereitschaft, persönliche Ambitionen oder Antipathien verhinderten und verhindern immer wieder dauerhafte und arbeitsfähige Bündnisse aus Oppositionsparteien oder auch die Einigung auf einen gemeinsamen Gegenkandidaten bei den Wahlen.

Obwohl die Opposition durch einen anhaltenden Entpolitisierungsprozess unter der Bevölkerung und durch die staatliche Repression weitgehend marginalisiert ist, hat sie es verstanden, sich und ihrer Presse bis heute einen gewissen Spielraum zu bewahren. Eine positive Rolle spielen dabei auch externe Akteure wie die OSZE, der Europarat und die Botschaften der westlichen Staaten.

Inhaltlich setzt die Regierung in Aserbaidschan bei ihrem Wahlkampf auf den Faktor *Stabilität*, mit dem sie die Zustimmung der Wähler erringen will. Stabilität ist somit „der Haupttriumph" der regierenden Elite. Hier spielt auch die lebendige Erinnerung an die bürgerkriegsähnlichen Zustände Anfang der 90er Jahre eine große Rolle (Helmerich 2006: 137). Der Zusammenbruch der Sowjetunion hat den Blick dafür geschärft, dass *Stabilität* an sich noch *kein Gütesiegel* ist. Die Sowjetunion existierte etwa 70 Jahre und zeigte damit eine in Kontinental-Europa vergleichsweise große Stabilität. Stabilität kann offensichtlich nicht mit Legitimität gleichgesetzt werden, sonst hätte die Sowjetunion bis heute überlebt (Beyme 1996: 163). Das Schicksal der Sowjetunion, welches auch ein Teil der Geschichte Aserbaidschans ist, bietet ein gutes Beispiel für die regierende Elite in Aserbaidschan, um vernünftige Konsequenzen daraus zu ziehen.

Zusammenfassend lässt sich Folgendes konstatieren: Wenn eine Norm akzeptiert wird, sie aber nicht befolgt werden kann, beginnt sie sich selbst und andere zu betrügen und ihre Befolgung zu imitieren. Wo sowohl eine ideologische Alternative zur Demokratie als auch die kulturellen und psychologischen Bedingungen für eine funktionierende reale Demokratie fehlen, kann ein politisches System entstehen, wie es in Aserbaidschan etabliert ist: ein undemokratisches und lediglich de Demokratie nachahmendes Regime.

### 7.4.2 Die Herrschaftsausübung

Die Herrschaftsausübung basiert in funktionierenden Demokratien wie in „hybriden Regimen" formal auf dem Recht, das von den in der Verfassung dafür vorgesehenen Verfahren und Institutionen hervorgebracht wird. Jedoch dominieren hier im Falle Aserbaidschans nicht die vom Parlament verabschiedete *allgemeine Gesetze*, wie dies in der rechtsstaatlichen Demokratie der Fall wäre. Vielmehr sind präsidentielle Dekrete mit Gesetzeskraft vorrangig, da Gesetzgebungsbefugnisse oder Generalklauseln des Parlamentes an die Exekutive übertragen wurden. Dieser „Funktionswandel des Gesetzes" ist typisch für hybride Regime, in denen die Exekutive stark ist und der parlamentarischen Legislative eine verminderte Bedeutung zukommt. Auch die Kontrolle der Regierung und der parlamentarischen Mehrheit durch die „Verfassungsinstitution der Opposition" wird dadurch weitgehend unmöglich gemacht. Dies ist nicht *per se* antidemokratisch bzw. autoritär, sondern signalisiert zunächst nur eine Stärkung der Exekutive gegenüber allen anderen Institutionen des politischen Systems (Rüb 2002: 107-108).

Karl Loewenstein hat in seiner Verfassungslehre von 1959 betont, dass autoritäre Regime häufig Untertypen ausbilden, in denen

> durch bestimmte verfassungsmäßige Einrichtungen der Regierungschef – der Präsident – an politischer Macht allen anderen Staatsorganen überlegen ist. Keinem anderen Organ ist es erlaubt, zum Range eines echten Machtträgers aufzusteigen und dem Präsidenten sein faktisches Monopol streitig zu machen oder ihn zu kontrollieren. (...) „Solche Regime „verzichten keinesfalls auf Parlament, Kabinett und nominell unabhängige Gerichte, doch sind diese in der Hierarchie der Machtgestaltung dem Staatschef strikt untergeordnet (Loewenstein 1959: 62).

Rein macht- oder verfassungstechnisch ist in Aserbaidschan die gesetzgebende und ausführende Gewalt in der Hand der Exekutive vereinigt, und sowohl Legislative als auch Judikative sind ihr untergeordnet. Ein solches von Loewenstein als „Neo-Präsidentialismus" bezeichnetes Regime verzichtet nicht auf demokratische Legitimität. Es reproduziert sich vielmehr über Wahlen und Plebiszite.

Konstitutionen, die Verfassungsänderungen durch Referenden ermöglichen, bieten nicht nur ein Einfallstor, durch das Präsidenten mittels plebiszitärer Abstimmungen ihre Machtbefugnisse erweitern und Amtsperioden verlängern können. Sie sind generell verfassungstheoretisch problematische Konstruktionen, da sie die Abschaffung der Demokratie durch demokratische Verfahren ermöglichen. Ein typisches Beispiel dafür ist die Außerkraftsetzung der Demokratie in Aserbaidschan durch die Alijew-Regierung. Nach Verabschiedung der Verfassung 1995 wurden wiederholt Verfassungsänderungen mit Referenden durchgesetzt, die den Präsidialcharakter des politischen Systems und die legalen Möglichkeiten autoritärer Herrschaft verstärkten. So wurde durch ein im August 2002 vom Volk akzeptiertes Referendum geregelt, dass die präsidialen Befugnisse bei Amtsunfähigkeit oder Tod auf den Premierminister übergehen. Zuvor erhielt der Parlamentsvorsitzende diese Befugnisse. Am 18. März 2009 sicherte ein Referendum dem Präsidenten eine über zwei Legislaturperioden hinausgehende Amtszeit.

### 7.4.3 Die Herrschaftsstruktur

Im Gegensatz zu den bisherigen Merkmalen, teilen hybride Regime folgende zwei Merkmale mit autoritären. Ihre Herrschaftsstruktur ist zum einen durch eine nur rudimentär ausgeprägte horizontale Kontrolle der Institutionen des politischen Regimes gekennzeichnet, innerhalb derer die herrschende Person oder Gruppe „*exercises power, within formally ill-defined limits but quite predictable ones*". Horizontale politische Verantwortlichkeit setzt die formale Existenz, den politischen Willen und die institutionelle Fähigkeit von staatlichen Organen voraus, die jeweils anderen Institutionen routiniert zu kontrollieren, ungesetzliche Praktiken gerichtlich zu verfolgen und die Herausbildung informeller Netzwerke, die die formalen Kanäle überwuchern, zu unterbinden. Voraussetzung aller horizontalen Kontrollen ist zunächst die institutionelle Autonomie, die es jeder Institution ermöglicht, innerhalb ihrer eigenen funktionalen Logik zu operieren. Zum anderen muss die Legitimität der obersten Gerichte, insbesondere des Verfassungsgerichts anerkannt werden (Rüb 2002: 108).

Der auf fünf Jahre gewählte Präsident Aserbaidschans genießt gemäß der Verfassung eine große politische Machtfülle, und das Parlament verfügt nur über geringere Kompetenzen. Die Verfassung Aserbaidschans weist dem Präsidenten 32 wichtige Vollmachten zu, dem Parlament hingegen nur 19 (Babayev 2006: 34). In Aserbaidschan hält ein direkt gewählter Staatspräsident das Gewaltmonopol und verkörpert die Exekutive. Er konzentriert wichtige legislative und exekutive Funktionen und wesentliche Befugnisse in (s)einer Hand. Infolgedessen können in Aserbaidschan weder das Volk noch die Institutionen der horizontalen Gewaltenkontrolle in den Rang echter Machtträger aufsteigen. In Lettland hingegen, wo ein parlamentarisches Regierungssystem gewählt wird, ist ein Ein-Mann-Regime nicht vorstellbar. Die *Saeima* kann erfolgreich das Prinzip der *checks and balances* verwirklichen.

Im Wandel des Gesetzesbegriffs ist ein weiterer Aspekt von Bedeutung. Carl Schmitt differenziert in seiner Verfassungslehre zwischen einem rechtstaatlichen und einem politischen Gesetzesbegriff, obwohl er zu den militantesten Gegnern der Demokratie zählte. Während der *rechtstaatliche Gesetzesbegriff* als generelle Norm, als allgemeines Gesetz mit bestimmten Qualitäten (wie Vernunft, Publizität, Richtigkeit) verknüpft ist, entspringt das *politische Gesetz* dem konkreten Willen des Volkes und wird als dessen souveräner Akt verstanden (Schmitt 1928: 146). Zusammenfassend wird die rechtstaatliche Legalität (allgemeines Gesetz) durch die plebiszitäre Legitimität (direkt gewählter Präsident) eines Machtträgers ersetzt, der sich dazu berechtigt fühlt, über der Legalität zu stehen. Dies bildet die theoretische Grundlage bei der Betrachtung Aserbaidschans. Die Befugnisse des Präsidenten Aserbaidschans auf dem Gebiet der Rechtsgebung lassen sich unter drei Gesichtspunkten betrachten: 1) die Beteiligung an der Organisation des Parlaments; 2) die Beteiligung an der Gesetzgebung selbst; 3) die Ermächtigung zum Erlass eigener Rechtsakte (Luchterhandt 2002: 354). Der Präsident besitzt weitreichende Rechte auch hinsichtlich der Judikative, was schon bei der Ernennung der Richter beginnt. Noch am schwächsten ausgeprägt sind hingegen die höchsten Gerichte: hier besitzt der Präsident nur ein Vorschlagsrecht für die Richter im Verfassungsgericht, im Obersten Gericht und im Obersten Wirtschaftsgericht. Die Richter der unteren Gerichte werden hingegen ausschließlich vom Präsidenten ernannt (Luchterhandt 2002: 356). Umgekehrt stellt sich hinsichtlich des Zusammenhangs mit den Kompetenzen des Präsidenten gegenüber der Judikative die Frage, inwieweit das Verfassungsgericht der Macht des Präsidenten Grenzen setzen kann. Fasst man die Kompetenzen des Präsidenten im Verhältnis zur Legislative und Judikative zusammen, drängt sich die Schlussfolgerung auf, dass der Präsident Aserbaidschans weit über die exekutive Gewalt hinaus sowohl in der Rechtsetzung als auch im Bereich der Rechtsprechung dominiert.

### 7.4.4 Der Herrschaftsumfang

Der *Herrschaftsumfang* in Aserbaidschan ist entgrenzt, weil rechtstaatliche Schranken nur rudimentär entwickelt sind. Die Lage des politischen Pluralismus ist prekär. Eingriffe in die Unabhängigkeit der Justiz sind in Aserbaidschan an der Tagesordnung oder treten in kritischen Momenten auf; die Staatsadministration ist nach politischen, klientelistischen oder patrimonialen Gesichtspunkten zusammengesetzt bzw. operiert nicht innerhalb des rechtlich vorgesehenen Rahmens und entwickelt eigene Funktionsmechanismen, die legal-rationalen Maßstäben nicht genügen. Die sensiblen Apparate in der aserbaidschanischen Verwaltung, wie Polizei oder Geheimdienste, bewegen sich häufig nicht innerhalb, sondern am Rande oder außerhalb des rechtlichen Rahmens. Manchmal werden sie sogar „politisiert", indem sie Oppositionelle einschüchtern oder politische Gegner anstelle von Staatsfeinden bespitzeln oder denunzieren (Rüb 2002: 109). Der eingeschränkte politische Wettbewerb drückt sich in Aserbaidschan durch eine relative Bedeutungslosigkeit politischer Parteien, sowie durch eine weitgehende Umgehung des Parlaments und seiner Aufgaben und Befugnisse aus. Intensiviert wird das Fehlen politischer Partizipation durch die aus der Sowjetzeit geerbte bzw. geprägte Haltung für die eine Partei nicht als Mittel zur Artikulation politischer Willensäußerungen fungierte, sondern zur Einbindung in eine vorteilsgewährende hierarchische Machtstruktur diente, an deren Spitze eine uneingeschränkte Führungspersönlichkeit stand.

In Wirklichkeit sieht man hier ein hybrides Regime vor sich. Man findet praktisch das Fehlen einer jeden Gewaltenteilung und folglich eine vollständige Abhängigkeit der gesetzgebenden und richterlichen Gewalt von der Exekutive; eine ausgesprochene Allmacht der Polizei und der Sicherheitskräfte; eine massive Verletzung elementarer Bürgerrechte; Willkür der Bürokratie, die schon allein eine permanente Missachtung der Gesetze belegt; die Schwäche der zivilgesellschaftlichen Institutionen; die Tendenz zur Bildung von Stände- und Clanstrukturen, die die aserbaidschanische Gesellschaft spalten (Badalow 2004: 203). Dennoch haben sich im Transformationsprozess eine Reihe politischer Bewegungen und Parteien gebildet, die aber trotz ihrer verhältnismäßig großen Anzahl im politischen Prozess des Landes fast keine Rolle spielen (Weißenberg 2003: 193). Das politisch-kulturelle Erbe des Staatssozialismus, wo „Personen statt Programme" das Parteiensystem beherrschen, ist nicht nur in Aserbaidschan, sondern auch in Lettland vorhanden.

Während folglich die Transformation in erster Linie die Bildung neuer Regeln im Rahmen eines politischen oder gesellschaftlichen Wettbewerbs umfasst, stellt die Korruption praktisch das genaue Gegenteil dar. Korruption kann als eine Reaktion auf das Versagen des formellen Regelwerks aufgefasst werden. Aserbaidschan nahm im Jahre 2008 auf der Liste *Transparency International* zusammen mit Kongo, Angola und Venezuela den 158. Platz ein. Laut dieser Organisation ist in Aserbaidschan die öffentliche Auftragsvergabe im Erdölsektor dadurch belastet, dass Einnahmen in den Taschen von westlichen Führungskräften im Ölsektor, von Mittelsmännern und lokalen Offiziellen verschwinden (Transparency International 2008: 2ff). Die genauen Ursachen für die Korruption in Aserbaidschan sollten aber nicht in der Studie von *Transparency International,* sondern in seiner kolonialen Vergangenheit gesucht werden. Während in der zaristischen Epoche insbesondere die Willkür staatlicher Organe aufgrund ihrer weiten Ermessens- und Ausweichspielräume zum Vorschein trat, kamen in der sowjetischen Epoche noch die Unzulänglichkeiten des planwirtschaftlichen Systems sowie ein totalitäres, auf die ideologische Vormachtstellung einer einzigen Partei ausgerichtetes Nomenklaturasystem hinzu. Die konkrete Ausprägung alternativer Regeln ist daher als ein Produkt aktueller Gegebenheiten und verinnerlichter Verhaltensmuster anzusehen (Weißenberg 2003: 180). Das seit der Unabhängigkeit äußerst hohe Korruptionsausmaß in Aserbaidschan legt die Vermutung nahe, dass Korruption von der Vergangenheit geerbt wurde.

Eine Bevölkerung, der Demokratie und Marktwirtschaft über Jahrzehnte hinweg lediglich vom Hörensagen kannte und die an die Vermittlung von nur einer einzigen Wahrheit durch die Medien gewöhnt war, litt und leidet unter Missverständnissen, die die Folge einer idealisierten Betrachtung aus der Ferne sind. Dass in den „westlichen Demokratien" über Lösungen stets gestritten wird, ist jedoch keine Einsicht, die durch die eigenen Medien vermittelt wird (Reetz 2008: 232).

Was die gesellschaftliche Öffnung und die wirtschaftliche Eigenverantwortlichkeit tatsächlich mit sich brachte, wurde ebenso wenig erwartet wie begrüßt. Die hohen Erwartungen an den Staat in sozialer und wirtschaftlicher Hinsicht blieben von den politischen und ökonomischen Veränderungen in weiten Teilen der Bevölkerung unberührt. Die soziale Ausdifferenzierung der Gesellschaft, die damit verbundene Entstehung von sozialen Schichten, wird grundsätzlich abgelehnt. Das beinhaltet auch die im Pluralismus übliche Organisation und Vertretung von sozialen Interessen (Reetz 2008: 229-238). Vereinfacht gesagt, die Bevölkerung hängt mehrheitlich idealisierten Vorstellungen demokratischer Regierungsweise an.

Diese Mentalität ist ein Erbe der sozialistischen Gesellschaft, in der die in etablierten Demokratien bekannten soziokulturellen Milieus nicht existierten und wo ein kollektivistisches Denken vorherrschte. Die „gelernte Passivität im öffentlichen Leben" (Juchler 1994: 125) hat als weiteres Erbe des Sozialismus zur Folge, dass es im demokratischen Entscheidungsprozess an der nötigen Partizipation der Bevölkerung mangelt. Während der Sowjetzeit war die Zurückhaltung sowohl ein Zeichen des Protests als auch des Selbstschutzes. Jedoch auch in der Gegenwart lässt die Menge der alltäglichen Probleme den meisten Menschen ebenfalls kaum Zeit für ein ehrenamtliches Engagement (Reetz 2008: 234), was stark im Kontrast zur Begeisterung der Umbruchszeit steht. In den Jahren der Perestroika (1985-1990) waren die die Menschen noch auf den Barrikaden in Baku und Riga dazu bereit, die staatlichen Institutionen gegen die sowjetische Zentralmacht zu schützen, ohne jedoch deren Reaktion darauf vorher absehen zu können. Dies wurde vielfach als Zivilgesellschaft bezeichnet, war aber vielmehr Zivilcourage.

Wie in nahezu allen Nachfolgestaaten der Sowjetunion waren die Ausgangsbedingungen für das Entstehen authentischer zivilgesellschaftlicher Initiativen auch in Aserbaidschan schlecht. Zum einen wog das Erbe des sozialistisch-paternalistischen Staates schwer, der jede Form unabhängiger gesellschaftlicher Initiative zu erdrücken versuchte und zugleich durch die vielen verordneten Formen "freiwilligen öffentlichen Engagements" die Idee ehrenamtlicher Arbeit nachhaltig diskreditiert hatte. Zum anderen hatten die Gesellschaften dieser Länder trotz oder gerade wegen der sowjetischen Zwangsmodernisierung viele traditionelle patriarchale Züge bewahrt. In Clans (heutzutage "Netzwerke" genannt), die sich auf familiäre, landsmannschaftliche und freundschaftliche Banden stützten, verschlossen sich viele gegenüber dem Staat und damit zugleich auch gegenüber jeder Form politischer Öffentlichkeit (Kaufmann 2009: 12).

Den größten Freiraum für oppositionelles Denken, Schreiben und Handeln boten in der sowjetischen Ära Wissenschaft, Literatur und Kunst in den Hauptstädten der Peripherie (z.B. Tbilisi und Baku). Der Freiraum war hier größer als im Zentrum Moskau (Kaufmann 2009: 12). So kamen auch die meisten Anführer der nationalen Unabhängigkeitsbewegungen in Aserbaidschan, die Ende der 80er Jahre die Gesellschaften in einem zuvor ungeahnten Ausmaß politisch mobilisierten, aus dem Milieu der hauptstädtischen Wissenschaft und Kunst: Orientalisten, Regisseure, Biologen, Schriftsteller und Dichter wurden zu den (durchweg männlichen) Leitfiguren von Massenbewegungen. Diese hatten zu Beginn neben nationalen bzw. nationalistischen Motiven durchaus auch demokratische, liberale und ökologische Anliegen (Kaufmann 2009: 12).

Zusammenfassend lässt sich feststellen, dass die Tragik der Entwicklung in den frühen 90er Jahren des 20. Jahrhunderts in Aserbaidschan darin bestand, dass die demokratischen und zivilgesellschaftlichen Elemente der Unabhängigkeitsbewegungen im Zuge der militärischen Eskalation der ethnopolitischen Konflikte um Berg-Karabach zwischen 1991 und 1994 weitgehend marginalisiert wurden. Als 1994 die offenen militärischen Konfrontationen durch Waffenstillstandsabkommen vorläufig beendet wurden, hatten sich die Ausgangsbedingungen für das Entstehen von zivilgesellschaftlichen Initiativen deutlich verschlechtert: Aus allen drei südkaukasischen Ländern war bis zu einem Drittel ihrer Bevölkerung emigriert, darunter viele Angehörige der städtischen Bildungseliten. In Aserbaidschan lagen nach chaotischen innenpolitischen Turbulenzen und der militärischen Niederlage im Karabach-Konflikt die Zügel nun wieder fest in der Hand des langjährigen KP-Chefs Heydär Alijew, der nun begann, das Land zu einem international hofierten, straff autoritär geführten Ölrentenstaat umzubauen (Kaufmann 2009: 13).

Ein zweiter Grund für die Bedeutung und zugleich strategischen Schwäche zivilgesellschaftlicher Organisationen in Aserbaidschan liegt im Fehlen einer wirksamen politischen Opposition im Sinne oppositioneller Parteien und Parlamentsfraktionen. Wie in den meisten postsowjetischen Staaten, konsolidierte sich auch Aserbaidschan als semi-autoritäres Präsidialregime ohne Gewaltenteilung, starke Parlamente und unabhängige Justiz. Allen gegenteiligen Deklarationen zum Trotz fanden keine freien und fairen Wahlen statt. Elektronische Medien wurden strenger Kontrolle unterworfen und politische Opponenten wurden entweder systematisch aus dem politischen System ausgegrenzt oder durch das Angebot lukrativer Posten im System kooptiert (Freedom House 2008: 97-116; Bertelsmann Transformation Index 2008: 1-3; Klein 2007: 197-224; Babayev 2006: 33-43; Helmerich 2006: 135-148; Badalow 2004: 179-202; Halbach 2003: 2ff;). Daher blieb vielen oppositionellen Akteuren für ihren politischen Kampf gegen die Regierung nur die "Nische Zivilgesellschaft": Sie begannen nun ihre jeweilige autoritäre Regierung im Bezug auf Menschenrechte, freie Wahlen, freie Medien etc. zu attackieren und dafür ihren Zugang zu internationalen Organisationen (Europarat, OSZE u.a.) zu nutzen. Das zumindest war die Wahrnehmung der Regierungen vor Ort, die sich jeder Zusammenarbeit mit den als oppositionell eingestuften

NGOs verweigerten, ihnen zahlreiche administrative und steuerliche Hürden in den Weg stellten und sie über die staatseigenen Medien nach Kräften diskreditierten. Ein weiteres probates Mittel war es, den angeblich oder tatsächlich mit der politischen Opposition liierten Menschenrechts-NGOs (im Expertenslang auch bezeichnet als "ONGOs" – *opposition owned NGOs*) eigene, regierungsnahe "GONGOs" (*governmental owned NGOs*) entgegenzustellen (Kaufmann 2009: 15-16).

Die führenden NGOs spielen in Aserbaidschan für Wahlbeobachtung, Antikorruptionskampagnen, Berichte zur Menschenrechtssituation und internationale Lobbyarbeit eine wichtige Rolle. Abschließend lässt sich feststellen, dass in Aserbaidschan zivilgesellschaftliche Organisationen in gewisser Hinsicht die politische Opposition ersetzen, die aufgrund ihrer geringen Präsenz im Parlament gegenüber der Regierung kaum eine Kontrollfunktion ausüben kann (Kaufmann 2009: 15-16). Die gegenwärtige Lage der Opposition in Aserbaidschan kann mit den Dissidentengruppen in der Sowjetunion verglichen werden.

Segerts auf Osteuropa bezogene Feststellung, dass das „Bewusstsein über die Demokratie als Wert keinesfalls erst vom Westen in die Gesellschaften des Ostens hineingetragen werden [musste]“ (Segert 2007: 211f), gilt somit für Aserbaidschan nur eingeschränkt. Eine politische Führung, die diese Selbstbeschränkung in einer Zeit großer gesellschaftlicher Unterstützung nicht ausübt und ihr Amt in Missachtung der Rechte der politischen Opposition führt, trägt vor ihrem Volk die Hauptverantwortung für das Unterminieren der prozeduralen Voraussetzungen zum Aufbau von Demokratie.

# 8 Der internationale Kontext der Transformation in Lettland und Aserbaidschan

## 8.1 Einige theoretische Konzepte der internationalen Politik

Die für diese Arbeit hinsichtlich der untersuchten Regionen im Baltikum und Südkaukasus herangezogenen Erklärungsvariablen beziehen sich einerseits auf die These Lijpharts, nach der Demokratien in Staaten mit einer kulturellen Affinität zum gesellschaftlichen Konsens entstehen (Lijphart 1984: 15ff) und dies zu einer politischen Kultur geführt hat (Almond/Powell 1978: 10ff). Der konsensuale und konfliktfreie politischen Prozess wird durch ein allgemeines Klima von Gesellschaftlichkeit und gegenseitiger Toleranz begünstigt. Dementsprechend ist die politische Kultur auf Interessenausgleich gerichtet und damit der Einführung demokratischer Strukturen förderlich.

Die zweite Annahme ist, dass sich ein Zusammenhang zwischen geopolitischer Lage und interner Verfasstheit in die seit einigen Jahren verstärkt betriebenen Bemühungen in der vergleichenden Politikwissenschaft einfügt, eine Brücke zur Disziplin der Internationale Beziehungen zu schlagen. Zwar hat Otto Hintze bereits 1902 darauf hingewiesen, dass internationale Sicherheit die Voraussetzung für Demokratie ist. Doch ist dieser Hinweis für lange Zeit ignoriert worden[5]. Erst 1996 hat William Thompson die These aufgestellt, dass Demokratien sich am besten in jenen Regionen entwickeln und stabilisieren können, in denen Fragen der regionalen Vormachtstellung keine Rolle mehr spielen (Thompson 1996: 142; Masala 2004: 243). Dawson ergänzt dies mit dem Hinweis, dass hierbei liberale demokratische Hegemonialmächte die Sicherheit von Staaten garantieren (Dawson 1996: 8ff). Kristian S. Gleditsch beleuchtet in einer Studie den Zusammenhang zwischen Demokrati-

5 Vor Otto Hinze haben bereits Ibn Khaldun (Khaldun, Ibn (1950): S. 9ff) und Niccolo Machiavelli (Machiavelli 1925: 5-71) auf den Zusammenhang zwischen äußerer Sicherheit und interner Verfasstheit von Staaten hingewiesen.

sierung, Stabilisierung von Demokratie und internationaler Politik. Darin gelangt er zu der Schlussfolgerung, dass die Chancen für eine Stabilisierung demokratischer Systeme umso höher sind, je demokratischer die Nachbarstaaten und die Regionalmächte sind. Diese haben nämlich ein Interesse daran, über die Stabilisierung von Demokratien in ihrem unmittelbaren geographischen Umfeld die Konfliktgefährdung in diesen Regionen zu verringern (Gleditsch 2000: 35; Masala 2004: 243). Somit hängt die Frage der Demokratisierung von Staaten auch von ihrer regionalen Nachbarschaft ab (Deegan 1994: 15ff; O'Loughlin/Ward/Lofdah/Cohen/Brown/Reilly/Gleditsch/Shin 1998: 545-574; Gleditsch/Ward 2000: 1-29; O'Loughlin 2001: 77-96; Masala 2004: 243).

Neben den Faktoren der geographischen Abgeschiedenheit, aus der sich eine „spezielle" politische Kultur und ein „spezielles" politisches System entwickelt hat, trägt zur Demokratie insbesondere die geopolitische Lage Lettlands bei, genauer gesagt die Tatsache, dass die gesamte baltische Region in einer Zone hegemonialen Friedens liegt. Lettland hat außer Russland keine Landmächte als Nachbarn, die ihm bis vor kurzem feindlich gesonnen waren und es militärisch bedrohten. Im Gegenteil: Alle baltischen Länder befinden sich in Gebieten, die der mittelbaren Einflusssphäre der USA (NATO) oder der demokratischen Regionalhegemone Europas (EU) zugeordnet werden müssen. Für die EU erfüllt ein demokratisches Baltikum die Funktion eines *„rim and buffer"* (Jundzis 1996: 5ff). Außerdem sind die EU und die NATO als Schutz- und Garantiemächte im Baltikum zu verstehen.

Der Südkaukasus liegt nicht in einer Zone hegemonialen Friedens, in denen demokratische Regionalmächte über die Aufrechterhaltung und Stabilisierung der Demokratie wachen. Die EU und die USA gehören zu externen Faktoren im Südkaukasus. Der Südkaukasus ist vielmehr dadurch gekennzeichnet, dass autoritäre Regionalmächte wie Russland oder der Iran existieren und die Frage der regionalen Vorherrschaft noch nicht endgültig abgeschlossen ist. Gleichzeitig sorgt die Abwesenheit demokratischer Regionalmächte in dieser Region dafür, dass es keine „mächtigen" Staaten mit einem besonderen Interesse an der Errichtung und am Schutz demokratischer Strukturen in Aserbaidschan haben, wodurch sich interne Konflikte entwickeln und eskalieren können.

## 8.2 Lettland und Russland

Ein wichtiger Faktor der schwierigen lettisch-russischen Beziehungen ist die gemeinsame Geschichte. Historische Erfahrungen beeinflussen die Interessen der Russischen Föderation in Lettland ebenso, wie die außenpolitischen Ziele Lettlands. Das zaristische Russland wurde durch die Eroberung des Baltikums im 18. Jahrhundert zur europäischen Großmacht und die Region zur Kontaktzone zwischen dem Westen Europas und Russland. Unter dem russischen Zaren Peter dem Großen wurde das Baltikum als „russisches Fenster nach Europa“ bezeichnet (Vgl. Kappeler 1992: 67). Diese Auffassung prägt die russische Haltung bis heute und es sieht sich durch das Entstehen neuer unabhängiger Staaten im Baltikum aus Europa heraus gedrängt (Schmidt 2003: 140).

Die lettisch-russischen Beziehungen begannen 1991 zunächst vielversprechend. Lettland hatte die internationale Anerkennung seiner Unabhängigkeit zu einem großen Teil Russland, und speziell Boris Jelzin, zu verdanken. Als theoretische Option wäre neben der Ausrichtung nach Westen auch eine Annäherung an den postsowjetischen Raum, d.h. die Einbindung Lettlands in die im Dezember 1991 gegründete Gemeinschaft Unabhängiger Staaten (GUS) in Frage gekommen. Diese Möglichkeit aber wurde, abgesehen von der ohnehin historischen Belastung im lettisch-russischen Verhältnis, spätestens durch die Entwicklung während der ersten Hälfte der 1990er Jahre diskreditiert: der lange verzögerte Truppenabzug, ein Konflikt um den Verlauf der gemeinsamen Grenze sowie die ständige Einmischung Russlands in die als innere Angelegenheit zu bezeichnende Staatsbürgerschaftspolitik der lettischen Politik trugen erheblich dazu bei.

Aufgrund der hier skizzierten massiven Spannungen im lettisch-russischen Verhältnis gelangten die politischen Entscheidungsträger Lettlands bereits in der ersten Hälfte der 90er Jahre zu der Ansicht, dass die Russische Föderation als direkter Nachfolger des russischen Zarenreichs und der Sowjetunion zu betrachten ist. So führt der lettische Historiker Heinrihs Strods aus:

> In Russland haben sich die historischen, geopolitischen und ökonomischen Interessen für die Begründung einer Herrschaft um die Ostsee erhalten. Darum ist in der Politik Russlands gegenüber dem Baltikum eine sehr alte permanente Intention zu beobachten, nämlich das Baltikum militärisch, ökono-

misch und demographisch dem russischen Imperium einzuverleiben (Strods 1994: 454).

Deshalb wäre die Formulierung eines außenpolitischen Konzeptes mit dem Ziel einer Ost-Orientierung innenpolitisch für jeden lettischen Politiker *de facto* einem „politischen Selbstmord" gleichgekommen. Parallel dazu ging ein Wandel der außenpolitischen Doktrin Russlands einher. Der frühe Zeitraum bis etwas 1993 wurde häufig als die vom damaligen Außenminister Andrej Kosyrew bezeichnete „romantische Periode" russischer Politik gegenüber dem Westen betrachtet. Der geopolitische Raum der ehemaligen Sowjetunion rückte in den Mittelpunkt der außenpolitischen Prioritäten Russlands. Moskau erklärte dieses Territorium zu seiner vitalen Interessenszone. Russland prägte den Begriff „nahes Ausland" für die ehemaligen sowjetischen Teilrepubliken und der Einfluss auswärtiger Staaten sollte in diesem Raum begrenzt bleiben (Schmidt 2003: 138). Strategen im Kreml bezeichneten diese Politik als eine russische Monroe-Doktrin.

Ob Russland Lettland zum „nahen Ausland" zählt, ist umstritten. Dabei muss berücksichtigt werden, dass dieser Begriff für kein klares definiertes Gebiet verwendet wird (Lough 1993: 22). Nach offiziellen Aussagen der russischen Regierung werden die baltischen Länder nicht dazu gerechnet. So ist Lettland im russischen Außenministerium nicht Teil der GUS-Abteilung, die auch Aserbaidschan einschließt, sondern gehört zur Europa-Abteilung[6]. Dennoch sieht Moskau Lettland als Nachfolgestaat der Sowjetunion und als Bestandteil seiner vitalen Interessenzone an. Dies bedeutet, dass Lettland *de facto* doch zum Nahen Ausland zählt (Schmidt 2003: 139).

Eine konsequente Neutralitätspolitik schied, wie bereits einleitend erwähnt, von Beginn an aus, war sie doch während der ersten Unabhängigkeit 1940 mit der Annexion Lettlands durch die UdSSR vollständig gescheitert und historisch entsprechend belastet. Neben der politischen Problematik im Umgang mit dem großen russischsprachigen Anteil von über 35% an der Gesamtbevölkerung nach 1991, galt es angesichts der nach wie vor in Lettland stationierten sowjetischen und ab 1992 russischen Truppenverbände, zunächst behutsam eine eigene Außenpolitik zu entwickeln (Lange 1993: 1). Erst im

---

6 Außenministerium der Russischen Föderation, in: http://www.mid.ru/nsreuro.nsf/348bd0da1d5a7185432569e700419c7a/e9d4dfcaf9273a5443256db1004e78af?OpenDocument.

April 1994 stimmte Russland nach massivem Druck von Seiten der internationalen Staatengemeinschaft dem russisch-lettischen Vertrag über den Rückzug der russischen Armeeeinheiten zu: bis August konnten die vormals etwa 75 000 im Lande stationierten Soldaten mit Ausnahme einer kleinen Einheit, die bis August 1998 noch eine russische Radaranlage im kleinen lettischen Skrunda im Betrieb hielt, schließlich abgezogen werden.
Moskau wollte die Geschwindigkeit und den Umfang der Westintegration Lettlands bestimmen. Die lettisch-russischen Beziehungen waren durch das Bemühen Moskaus gekennzeichnet, eine NATO-Mitgliedschaft zu verhindern, ihre Mitgliedschaft in der EU und anderen europäischen Organisationen kalkulierbar zu gestalten und seinen politischen und ökonomischen Einfluss in der baltischen Region im Rahmen seiner Politik des „nahen Auslands“ aufrechtzuerhalten. Bis heute macht Russland die Ratifizierung des schon im November 1997 ausgehandelten lettisch-russischen Grenzvertrags von der Lösung vermeintlicher Menschen- und Minderheitsfragen in Lettland abhängig.

## 8.3 Die Integration Lettlands in euro-atlantische Strukturen (EU und NATO)

Nach der Wiederherstellung der Unabhängigkeit begann Lettland die Institutionen eines souveränen Staates aufzubauen. Anschließend reintegrierte sich Lettland auf völkerrechtlicher Ebene und trat der UNO, der OSZE, dem Europarat, dem Rat der baltischen Staaten und anderen Organisationen bei. Die außenpolitische Westorientierung Lettlands bedeutete das Bestreben nach einer Mitgliedschaft in den wichtigen politischen, wirtschaftlichen und militärischen Institutionen des Westens, um so an diesem System kollektiver Sicherheit beteiligt zu werden. Im Bereich der militärischen Sicherheit war es das Ziel Lettlands, Mitglied der NATO zu werden (Bungs 2002: 173). Auf dem Gebiet der „weichen“ Sicherheit war die Vollmitgliedschaft Lettlands in der EU von zentraler Bedeutung. Aus baltischer Sicht konnte ihr Sicherheitsdilemma nur durch eine Mitgliedschaft in der NATO und in der EU gelöst werden. Damit wären sie fest im Westen verankert und so außerhalb der russischen Einflusssphäre.

Zwei Aspekte begründen, weshalb Lettland die Verfolgung seiner außenpolitischen Kernziele, die Mitgliedschaft in EU und NATO, bereits unmittelbar nach Wiederherstellung der Unabhängigkeit begann (Jundzis 1996: 10ff). Folgt man der Theorie der kleinen Staaten, so bietet der Handlungsspielraum kleiner außenpolitisch und militärisch schwacher Staaten grundsätzlich kaum Alternativen zu einer möglichst umfassenden Allianz- bzw. Integrationspolitik, da sie von sich aus nicht in der Lage sind, ihre eigene Staatlichkeit ausreichend zu sichern. Der Sicherheitswunsch Lettlands wird untermauert durch einen zweiten Aspekt: Die eigene Geschichte wird in Lettland als jahrhundertelange Dominanz fremder Mächte wahrgenommen, gar als Schicksalsgemeinschaft, die sich beständig dem Willen europäischer Großmächte zu beugen hatte.

Die baltischen Staaten versuchten die NATO dazu zu bewegen, Beobachter für den Rückzug russischer Truppen aus ihren Territorien zu entsenden. Die westliche Allianz lehnte diesen Vorschlag ab, betonte jedoch die Notwendigkeit des Truppenabzugs. Sie erklärte, dass Lettland das Problem des Rückzugs der russischen Truppen mit Russland bilateral lösen sollte. Die NATO wollte verhindern, direkt in die Sicherheitsprobleme der baltischen Staaten verwickelt zu werden.

Die Wahrnehmung der Allianz als Schutzpatron der baltischen Staaten verstärkte sich außerdem durch die strikte Ablehnung einer NATO Erweiterung um die baltischen Staaten durch Russland zu Beginn der 90er Jahre. Je öfter die russische Seite von „roten Linien“ sprach, welche die NATO bei einer eventuellen Osterweiterung nicht überschreiten dürfte, desto stärker entwickelte sich der Wunsch der lettischen Bevölkerung, Zugang zum westlichen Bündnis zu finden (Lejins 2001: 207).

Entscheidend für das Umdenken der NATO in der Frage der Erweiterung wurde jedoch der Positionswechsel der USA. Die US-Führung wollte wegen ihrer „*Russia-First* Politik“ lange Zeit eine Erweiterungsdiskussion verhindern. Die NATO entwickelte ein von den USA initiiertes Projekt namens „Partnerschaft für den Frieden“, in das auch Lettland einbezogen wurde (Schmidt 2003: 220-225). Von größerer Bedeutung war der Kosovo-Konflikt im Frühjahr 1999, bei dem die baltischen Staaten während der Intervention der NATO in Jugoslawien den Kurs des Bündnisses ausdrücklich unterstützt hatten

(Anton 2005: 350).

Neben der militärischen Kooperation mit den USA war für Lettland vor allem die Mitgliedschaft in der NATO von Bedeutung. Vor dem Irak-Krieg befürwortete Lettland den von Großbritannien initiierten „Aufruf der Acht", der mit dem Hinweis auf seine eigene fremdbestimmte totalitäre Vergangenheit zur europäischen Unterstützung des amerikanischen außen- und militärpolitischen Kurses aufrief (Henning 2008: 281). Der Wille zur „Aufnahme in die NATO um jeden Preis" kann gleichsam erklären, weshalb Lettland während des Krieges im Irak, wie auch einige andere osteuropäische Länder, die US-amerikanische Position unterstützte. Die negativen Reaktionen Deutschlands und Frankreichs auf die von mehreren mittel- und osteuropäischen Beitrittsländern geteilte pro-amerikanische Haltung im Irak-Krieg, bestätigten innerhalb der lettischen Bevölkerung die unterschiedliche Wahrnehmung der beiden Organisationen (Lejins 2001: 210ff). Das lettische Vertrauen auf den transatlantischen Partner USA ist aus sicherheitspolitischer Betrachtung auch nach dem Beitritt zur EU erheblich stärker ausgeprägt, zumal die EU nach wie vor hinter den eigenen Zielen im Bereich der Gemeinsamen Außen- und Sicherheitspolitik zurückbleibt. Am 29. März 2004 trat Lettland der NATO bei und nimmt mit kleineren militärischen Kontingenten an internationalen Friedensmissionen im ehemaligen Jugoslawien, in Afghanistan und im Irak teil (Henning 2008: 281).

Die Mitgliedschaft in der EU hat für Lettland einen ähnlich hohen Stellenwert wie der Beitritt zur NATO. Zwar sind damit keine harten, das heißt keine militärischen Sicherheitsgarantien verbunden, aber die Zugehörigkeit zum Westen ist unbestreitbar. Dynamisch entwickelten sich die Beziehungen Lettlands zur Europäischen Union. Nachdem die EG die Unabhängigkeit aller drei baltischen Staaten anerkannt und die EG-Außenminister durch ein erstes Treffen am 6. September 1991 mit den baltischen Außenministern in Brüssel diplomatische Beziehungen zu Estland, Lettland und Litauen etabliert hatten, konnte Lettland seit dem 1. Januar 1992 auf finanzielle Unterstützung der EG zurückgreifen. Mit der Förderung der EU wurde Lettland in internationale Finanzinstitutionen wie der Weltbank, dem Internationalen Währungsfond (IMF) und der Europäischen Bank für Wiederaufbau und Entwicklung (EBRD) aufgenommen (Schmidt 2003: 231).

Am 11. Mai 1992 schlossen alle drei baltischen Staaten mit der Europäischen

Gemeinschaft Handels- und Kooperationsabkommen, die am 1. Januar 1993 in Kraft traten (Gänzle 2003: 115ff). Der lettische Wunsch nach grundsätzlicher Perspektive in der EU erfüllte sich 1995 mit dem Abschluss der Assoziierungs- bzw. Europa-Abkommen, die nunmehr einen Rahmen für die Integration der baltischen Staaten in die EU vorsahen. Sie traten 1998 in Kraft und stellten Lettland die Vollmitgliedschaft in der Europäischen Union nach Erfüllung aller definierten Beitrittskriterien grundsätzlich in Aussicht. Zwei Faktoren können erklären, weshalb die Beitrittsperspektive bereits nach Abschluss der Freihandelsabkommen von Seiten Brüssels aufgezeigt wurde: Einerseits hatte sich bereits zwei Jahre zuvor, im Juni 1993, der Europäische Rat von Kopenhagen zumindest auf die Osterweiterung verständigen können und hierfür klare Beitrittskriterien[7] für alle Transformationsstaaten Mittel- und Osteuropas festgelegt und ein rechtlicher Rahmen für die Erweiterung wurde geschaffen (Anton 2005: 345). Zweitens verstärkten die EU-Beitritte Schwedens und Finnlands zum 1. Januar 1995 die „baltische Lobby" innerhalb der Union, die bisher vorwiegend aus Deutschland und Dänemark bestanden hatte (Schmidt 2003: 232). Lettland konnte letztendlich nach Inkrafttreten des Staatsbürgerschaftgesetzes 1994 als letztes der baltischen Länder am 31. Januar 1995 auch in den Europarat aufgenommen werden, eine Grundvoraussetzung für die spätere Mitgliedschaft in der EU (Anton 2005: 345). In ihren Schlussfolgerungen zum Fortschrittsbericht von 1998 äußerte sich die Europäische Kommission insgesamt sehr positiv über die Erfüllung und Einhaltung der politischen Kriterien durch Lettland (Europäische Kommission 1998: 53). Die Kommission empfahl lediglich, neben der Fortsetzung von Reformen in den Bereichen Verwaltung und Rechtssprechung, dem lettischen Sprachunterricht für Nicht-Staatsbürger verstärkt Aufmerksamkeit zuzuwenden (Europäische Kommission 1998: 50). In ihrem letzten Fortschrittsbericht stellte die Europäi-

7 Die Mitgliedschaftskriterien verlangen, dass das beitrittswillige Land folgende Voraussetzungen erfüllt: 1) Stabilität der Institutionen, Demokratie, Rechtsstaatlichkeit, Menschenrechte sowie Achtung und Schutz von Minderheiten; 2) Die Existenz einer funktionierenden Marktwirtschaft, die dem Wettbewerbsdruck und den Marktkräften in der Union standhalt; 3) Fähigkeit zur Übernahme der Pflichten der Mitgliedschaft, einschließlich dem Einverständnis mit den Zielen der Politischen Union sowie der Wirtschafts- und Wahrungsunion. (Europäischer Rat von Kopenhagen – Beitrittskriterien, in: http://ec.europa.eu/enlargement/enlargement_process/accession_process/criteria/index_de.hm 18. 04. 2009).

sche Kommission fest:

> Lettland förderte die weitere Eingliederung von Nichtstaatsbürgern in die lettische Gesellschaft durch die Streichung der sprachlichen Anforderungen aus dem Wahlgesetz, die weitere Erleichterung des Einbürgerungsprozesses und durch die Tätigkeiten der Stiftung für gesellschaftliche Integration. Der Eingliederungsprozess muss jedoch beschleunigt werden und es müssen ausreichende Mittel bereitgestellt werden, insbesondere für die Förderung der Einbürgerung und des Sprachunterrichts. Lettland sollte sicherstellen, dass bei der Umsetzung des Sprachengesetzes auf allen Ebenen die Grundsätze des legitimen öffentlichen Interesses und der Verhältnismäßigkeit sowie die internationalen Verpflichtungen Lettlands und das Europa-Abkommen eingehalten werden (Europäische Kommission 2002: 38).

Die Beitrittsverhandlungen mit Lettland wurden am 13. Dezember 2002 erfolgreich abgeschlossen, und am 16. April 2003 wurde der Beitrittsvertrag unterzeichnet. In einer Volksabstimmung am 20. September 2003 sprach sich eine Mehrheit der lettischen Bevölkerung für den Beitritt zur Europäischen Union aus (Europäische Kommission 2003: 4). Die Mitgliedschaft in der EU und der NATO im Jahr 2004 kann zweifellos als größter außenpolitischer Erfolg Lettlands seit 1991 bezeichnet werden. Mit dem Beitritt zu beiden Organisationen wurde für Lettland „ein Traum wahr, den nur wenige zu Beginn der neuen Unabhängigkeit für realisierbar hielten und der auch heute noch viele in Erstaunen versetzt“ (Below 2003: 41). Nach allem was geschehen ist, lässt sich feststellen, dass die Konsolidierung der Demokratie in Lettland abgeschlossen ist.

## 8.4 Die multivektorale Außenpolitik Aserbaidschans

Nach dem Zusammenbruch der Sowjetunion besteht bis heute im Südkaukasus eine Asymmetrie der Interessen. Unter den internen regionalen Mächten Russlands, der Türkei und des Irans, sowie externen Akteuren wie den USA und der EU, sind Russland und die USA die wichtigsten Mächte im Südkaukasus.

Eine russische Hegemonie ist für Aserbaidschan nach den Erfahrungen von über 200 Jahren nicht länger akzeptabel; gleichzeitig ist Aserbaidschan auf eine ökonomische und politische Zusammenarbeit mit seinem größten Nachbarn angewiesen. In einer solchen geographischen Lage kann Aserbaidschan kein Demokratiemodell von seinen Nachbarn übernehmen; aber auch unter kulturell mit Aserbaidschan verwandten Ländern finden sich keine Vorbilder. Selbstverständlich übte das Vorbild von europäischer und amerikanischer Demokratie einen Einfluss aus, doch sind diese Länder sehr weit von Aserbaidschan entfernt und haben daher nicht dieselbe Vorbildfunktion wie beispielweise Finnland und Schweden für Lettland. Für das turksprachige Aserbaidschan könnte das Beispiel der Türkei eine Rolle spielen, jedoch ist diese keine besonders vorbildliche, stabile und entwickelte Demokratie. In politischer Hinsicht sind die GUS-Staaten von Russland abhängig, was ebenfalls nicht als ein Beispiel für konsolidierte Demokratie dienen kann.

## 8.5 Aserbaidschan und Russland (GUS)

Aufgrund seiner aus der sowjetischen Periode geerbten Verbindungen zu den südkaukasischen Staaten blieb Russland der stärkste außenpolitische Spieler in der Region.

Die Politik Aserbaidschans änderte sich Anfang der 90er Jahre mehrfach unter dem Einfluss innerer und äußerer Faktoren. Das Land musste seine Souveränität verteidigen und oftmals musste es sich dem Druck Russlands direkt widersetzen, was zu Konflikten führte. Im Unterschied zu Lettland aber endeten die Konflikte immer in einem Kompromiss mit Moskau und mit dem Aufbau eines neuen, für beide Seiten akzeptablen Gleichgewichts (Mošes 2007: 24). Während der Elçibäy-Regierung strebte Aserbaidschan mit einer prowestlichen Politik an, eine Brücke zwischen den südlichen Staaten der ehemaligen Sowjetunion (Zentralasien) und der Türkei zu schlagen, da die Türkei auch für Aserbaidschan eine Brücke zum Westen war. Zwar ratifizierte die Elçibäy-Regierung den Beitritt zur GUS nicht, aber Russland nutzte die Schwierigkeiten der nationalstaatlichen Integration Aserbaidschans, um es zum Beitritt zur GUS zu bewegen. Nach seinem Amtsantritt führte Heydär Alijew eine ausbalancierte Außenpolitik. Um die politische Isolation des Landes zu durchbrechen trat Aserbaidschan im September der GUS bei. Die von

Russland gegenüber Aserbaidschan und Lettland in der 90er Jahren geführte Politik wird mit dem Begriff des „nahen Auslands" umschrieben. Während der Präsidentschaft von Putin änderte sich die russische Selbstwahrnehmung erheblich. Nachdem sich die sozioökonomische Situation dank der hohen Ölpreise verbessert hatte, wollte Russland die Herausforderung nicht nur annehmen, sondern fühlte sich stark genug im GUS-Raum in die Offensive zu gehen. Die Befürworter dieser Politik, wie zum Beispiel der Liberale Anatolij Čubajs, der sich mit der Idee eines „liberalen Imperiums" zu Wort meldete, wollten eher eine ökonomische Dominanz als eine politische Kontrolle Russlands in der GUS etablieren (Mošes 2007: 26). Trotz verschiedener Wechsel der Begrifflichkeiten wird diese Region in den Vorstellungen der russischen Machtelite noch immer als südliche Reichsperipherie wahrgenommen (Nabiyev 2003: 295). In diesem Kontext schreibt Henry Kissinger: „Nicht jeder Antikommunist auf dem Gebiet der früheren Sowjetunion ist ein Demokrat, und nicht jeder Demokrat ist ein Gegner des russischen Imperialismus" (Kissinger 1996: 907).

Russland ist derjenige externe Akteur, der wohl am stärksten auf die Stabilität im Südkaukasus einwirkt. Uwe Halbach bezeichnet die Rolle Russlands im Südkaukasus folgendermaßen:

> Stabilität im Kaukasus geht nicht ohne Russland, nicht gegen Russland, aber bislang aber auch nicht mit Russland... Ist Russland überhaupt bereit, bei der Konfliktregelung im GUS-Raum andere Akteure zu akzeptieren? Oder betrachtet es diesen Raum als exklusive Einflusszone, in der externe Konfliktbearbeiter nichts zu suchen haben? (Halbach 2008a: 7-8)

Mit der Unterstützung der Sezessionsgebiete im Südkaukasus betreibt Russland gegenüber Aserbaidschan und Georgien die Politik des *„not peacekeeping, but keeping in pieces"* (Halbach 2009: 10). Ferner muss betont werden, dass die Souveränität des Staates Aserbaidschan unvollständig ist. Damit kann eine der wichtigsten Etappen des Transformationsprozesses, *State-Building,* nicht abgeschlossen werden.

Die GUS war in ihrer Anfangszeit institutionell noch wesentlich stärker integriert, als EU und NATO es bis heute sind. Unmittelbar nach dem Zusammenbruch der UdSSR existierten noch eine gemeinsame Armee und eine gemeinsame Währung der GUS-Mitgliedsstaaten (Jahn 2007: 37). Aber die Moskauer Hoffnung, die baltischen Länder längerfristig in die GUS als Kern des angestrebten postsowjetischen Politik- und Wirtschaftsraumes zu integrieren, erwies sich in den 90er Jahren als nicht durchführbar. Daher ist es wichtig, die Rolle der GUS bei der Demokratisierung Aserbaidschans zu analysieren. Die GUS ist nicht nur ein Raum, in dem Länder mit Regimen ein und desselben Typs koexistieren und sich parallel zueinander entwickeln. Es ist außerdem das geographische Gebiet des ehemaligen russischen Reiches und der UdSSR. Die GUS ist außerdem eine internationale Organisation, die der Einheit dieses Raumes eine Form verleiht und als latente Funktion dem Erhalt dieser „hybriden Regime" dient. Die engen Verbindungen zwischen Aserbaidschan und den GUS-Ländern führen dazu, dass Prozesse und Ereignisse, die in jedem dieser Staaten stattfinden, einen wesentlich größeren Einfluss auf die anderen Länder ausüben, als Prozesse und Ereignisse außerhalb der GUS. „Farbige Revolutionen" oder jeder Versuch der Demokratisierung beflügeln die Opposition und beunruhigen die Machthaber in diesen Ländern, während die erfolgreiche Bewältigung einer Krise und die reibungslose Machtübergabe an einen Nachfolger (wie in Aserbaidschan) die Präsidenten inspirieren und der Opposition als Warnung dienen. Aus diesem Grund haben die Präsidenten aller GUS-Länder, ganz gleich wie sie sonst zueinander stehen, ein Interesse am Machterhalt ihrer Kollegen und Nachbarn und können in Krisenzeiten mit deren Beistand rechnen. In gewisser Weise ist die GUS mit der antirevolutionären *Heiligen Allianz* der gekrönten Häupter Europas aus der Zeit nach Napoleon vergleichbar. Die GUS ist ein Bündnis der Präsidenten gegen Oppositionsbewegungen, in dem der Präsident Russlands eine zentrale Position einnimmt (Furman 2006: 22). In kritischen Situationen, wenn zum Beispiel die Macht eines Staatsoberhauptes bedroht wird, wendeten sich die Präsidenten der GUS-Länder bislang an Russland als ihren natürlichen Verbündeten und werden dies auch weiterhin tun. Der außenpolitische Kurs der jeweiligen Regierung in Aserbaidschan (GUS-Regierungen) hängt davon ab, ob ihre innenpolitische Macht auf die Probe gestellt wird. Solange die Alleinherrschaft stabil bleibt und die von der Opposition ausgehende Gefahr minimal ist, können sich die Präsidenten „prowestlich" geben. In Krisenzeiten wendet sich jedoch jedes dieser Regime Russland und der GUS zu. Das markanteste Beispiel für diese Tendenz war der außenpolitische Kurswechsel Usbekistans von Islam Karimov nach den Ereignissen von Andijon. Gleichzeitig sind die westlichen Länder zumeist darauf bedacht, die Demokratie in Aserbaidschan und in der GUS heimisch zu machen, indem autoritäre Regime in Schach gehalten und die demokratische Opposition unterstützt wird. Deshalb wendet sich jede demokratische Opposition in Aserbaidschan und in den GUS-Ländern automatisch gegen Russland und richtet sich prowestlich aus (Furman 2006: 4ff).

## 8.6 Die Integration Aserbaidschans in euro-atlantische Strukturen (EU und NATO)

Während Lettland seit Erlangung seiner Unabhängigkeit in die europäischen Integrationsprozesse miteinbezogen wurde, war dies bei Aserbaidschan nicht der Fall. Doch was bedeutet das? Lettland wurde 1995 in den Europarat aufgenommen, Aserbaidschan erst 2001. 1997 nahm Lettland die Verhandlungen bezüglich des Beitritts in die Europäische Union auf. Aserbaidschan hat bislang keine Beitrittsperspektive, obwohl es im Rahmen der ENP bzw. Ostpartnerschaft mit der EU zusammenarbeitet, was einen künftigen Beitritt weder garantiert noch ausschließt. Daher lässt sich feststellen, dass sich die EU Aserbaidschan zwar verstärkt annähert, aber keine klare Strategie gegenüber diesem Land und der Region des Südkaukasus vertritt.

Das geo- und sicherheitspolitische Interesse der EU an Aserbaidschan hat mehrere Gründe. Zunächst liegt das Land zwischen Russland und dem Iran und ist ein *„Gate Country“* nach Zentralasien, wo enorme Energieressourcen vermutet werden. Darüber hinaus verfügt Aserbaidschan selbst über große Rohstoffvorkommen und spielt bei der Energiediversifizierung der EU eine bedeutende Rolle. Die Einnahmen aus dem Öl- und Gasexport spiegeln sich in der Wirtschaftsentwicklung Aserbaidschans wieder. Das BIP des Landes stieg 2006 um 34% und 2007 um 25% und es zählt damit zu den am schnellsten wachsenden Wirtschaften weltweit (The World Bank 2009: 1; Industrie- und Handelskammer zu Dortmund (IHK) 2009: 3ff). Aserbaidschan kann in diesem Jahr erstmals den von der Weltbank und der *International Finance Corporation* (IFC) vergebenen Titel *„Top Reformer“* für sich beanspruchen. Mit Öl und Gas soll auch speziell die Entwicklung in anderen Bereichen angekurbelt werden, um die „holländische Krankheit“ zu vermeiden (The

World Bank 2009: 1; Industrie- und Handelskammer zu Dortmund (IHK) 2009: 3ff). Dies weckt auch große Hoffnungen darauf, dass Aserbaidschan mit der Entwicklung und Liberalisierung seiner Wirtschaft, demokratische Reformen in der Politik einleiten und fördern wird.

Der Ölreichtum des Landes ist paradoxerweise auch zu einer Gefahr für die aserbaidschanische Gesellschaft geworden; nur Norwegen hat es bisher geschafft, Öl und Demokratie miteinander zu kombinieren, wobei in Norwegen die Demokratie 100 Jahre älter ist als der Ölreichtum. In Aserbaidschan ist es jedoch umgekehrt und dementsprechend weitaus schwieriger. Der erfolgreiche Versuch, nach dem Ersten Weltkrieg eine laizistische und parlamentarische Demokratie zu etablieren, fiel nur wenige Monate später der Sowjetifizierung zum Opfer (Hausmann 2005: 1ff).

In Aserbaidschan wird die EU im Vergleich zu Lettland nicht als zentraler externer Akteur wahrgenommen. Die USA sind dagegen schon längst in der Region angekommen. Die NATO-Osterweiterung ist einerseits politisch brisanter als die EU-Osterweiterung, gegen die Russland kaum Widerstand leistete. Andererseits ist eine NATO-Mitgliedschaft aber organisatorisch und finanziell leichter zu erlangen, als eine EU-Mitgliedschaft. Auch wurde in der NATO die gesellschaftpolitische Übereinstimmung nie so strikt gehandhabt wie in der EU. Aus geostrategischen Motiven wurde etwa über die jahrzehntelangen Demokratiedefizite in der Türkei und Portugal hinweggesehen (Jahn 2007: 39-40). Von daher betrachten Strategen in Baku eine NATO-Mitgliedschaft mittelfristig als möglich. Aserbaidschan kooperiert seit 1994 mit der Allianz im Rahmen der „Partnerschaft für den Frieden" und anderer individueller Aktionspläne der NATO.

Die Terroranschläge vom 11. September 2001 boten Anlass und Gelegenheit, den Einfluss der NATO in der GUS auszuweiten. Der Kampf gegen den transnationalen Terrorismus dient jedoch gleichzeitig der Absicherung der Erdöl- und Erdgasversorgung des Westens aus dem Kaspischen Raum und betrifft somit auch Aserbaidschan. Dementsprechend sind die USA auch in Aserbaidschan und in Georgien präsent und dies verringert den Einfluss Russlands im Südkaukasus. Aserbaidschan war nach der Auflösung der Sowjetunion noch lange von Moskau abhängig und versuchte seither seine außenwirtschaftlichen Beziehungen in alle Richtungen zu diversifizieren. Der Bau der Baku-Tbilisi-Ceyhan-Pipeline und der Baku-Tbilisi-Erzurum-Pipeline, die durch Georgien verlaufen, schwächt den energiewirtschaftlichen Zugriff Russlands auf die Region. Russland könnte damit im Südkaukasus Erdöl kaum noch als politische Waffe einsetzen. Aserbaidschan ist zu einem wichtigen regionalen Partner der USA im Kampf gegen den transnationalen Terrorismus geworden und hat als einziges muslimisches Land als Mitglied der „Koalition der Willigen“ Soldaten in den Irak geschickt (Babayev 2007: 201-208).

An eine EU-Mitgliedschaft glauben hingegen sehr wenige. Dafür gibt es zwei Ursachen: 1) In Aserbaidschan ist die Ansicht verbreitet, dass Brüssel dem Land den Weg in die Union mindestens so schwierig machen wird wie der Türkei als islamischem Land (Babayev 2007: 204-205); 2) Die jeweilige Regierung Aserbaidschans will keine neuen Verpflichtungen auf Demokratie, Rechtstaatlichkeit und Marktwirtschaft eingehen. Aserbaidschan hegt im Umgang mit der EU eine passivere Haltung. Lettland hingegen suchte die Lösung seiner außen- und sicherheitspolitischen Probleme mit Russland in einer Mitgliedschaft der EU. Im Gegensatz dazu betrachtet Aserbaidschan die EU als wesentlich relevanten Akteur in der Lösung seiner wirtschaftlichen, als in seinen sicherheits- und außenpoltischen Probleme. Im Unterschied zu Lettland will Aserbaidschan die Rolle der EU in der Region nicht direkt gegen Russland gerichtet sehen. Daher wird auch die Option einer vertieften GUS-Integration nicht vollkommen aufgegeben.

Die damit einhergehende Spannung in den internationalen Beziehungen im postsowjetischen Raum stellt eine Herausforderung an die "multivektorale" oder "komplementäre" Politik von GUS-Staaten dar; an ihre Bemühung, Balance zwischen Russland und westlichen Partnern zu wahren. Den Spagat, den das Alijew-Regime zwischen Russland und dem Westen zu machen versucht, zeigte Aserbaidschan bei einem Besuch des damaligen US-Vizepräsidenten Richard Cheney in Baku am 3. September, als es deutlich machte, sich nicht einseitig nach Westen auszurichten (Halbach 2009: 7).

Im Gefolge ihrer letzten Osterweiterungen hat die Europäische Union neue Nachbarn hinzugewonnen, zu denen – trotz des geographischen Abstandes – auch die südkaukasischen Staaten gezählt werden. Viele Nachbarstaaten der EU leiden unter fraglichen politischen Systemen, kämpfen mit Korruption und organisierter Kriminalität, und der Lebensstandard der Bevölkerung ist deutlich niedriger als in der EU. Die EU befürchtete, von diesen Staaten könnte eine Stabilitätsbedrohung ausgehen. Es herrschte zwar Einigkeit, dass diese neuen Nachbarn stabilisiert werden müssen, man wollte ihnen aber keine Beitrittsperspektive eröffnen. Als eine Art Kompensation dafür wurde die sogenannte Europäische Nachbarschaftspolitik (ENP) sowie später die Ostpartnerschaft geschaffen.

Mit der ENP bot die EU Aserbaidschan und ihren neuen Nachbarn eine vertiefte politische und ökonomische Integration an. Im Gegensatz dazu mussten diese sich auf Demokratie, Rechtstaatlichkeit und Marktwirtschaft sowie Reformen auf verschiedenen Politikfeldern verpflichten. So sollte ein Ring befreundeter Staaten, eine besondere Partnerschaft zwischen der EU und ihren Nachbarn geschaffen werden, die auf gemeinsamen Werten und Interessen beruht. Die ENP folgt der Logik eines „aufgeklärten Eigeninteresses“: „Indem wir unseren Nachbarn helfen, helfen wir uns selbst“ (O'Donnell/Whitman 2007: 95-104).

Nimmt man die Ziele der EU als Maßstab, hatte die ENP nur geringen Erfolg. Ihre „soft power“, die Fähigkeit, Demokratie, Stabilität und Prosperität zu verbreiten, kann die EU gegenüber den Partnern ihrer Nachbarschaftspolitik ohne den Einflusshebel der Beitrittsperspektive nur begrenzt einsetzen. Die EU bietet den Nachbarstaaten keine wirklichen Anreize für Reformen. Daher funktioniert der Hebel der Konditionalität nicht und die ENP-Staaten verweigern sich den Bedingungen der EU. Das einzige „Zuckerbrot“, das sie zu locken scheint, hat die EU paradoxerweise gar nicht im Angebot (O'Donnell/Whitman 2007: 95-104). Wie erfolgreich eine Politik mit mittelfristigen Beitrittsmöglichkeiten sein kann, hat die Mitgliedschaft Lettlands und der anderen baltischen Länder eindrücklich bewiesen. Dieser Mangel an substantiellen langfristigen Vorteilen für die Partnerländer ist der entscheidende Konstruktionsfehler des ENP. Sie hat das wichtigste Element einer jeden Politik, die auf die Konditionalität beruht, außer Acht gelassen und bietet keinen wirksamen Anreiz, um für die Reformbereitschaft zu sorgen. Die ENP hat durchaus einige kurzfristige praktische Vorteile wie Finanzhilfen und Visa-Erleichterungen zu bieten. Statt jedoch etwas zu offerieren, das mit einer EU-Mitgliedschaft vergleichbar wäre, scheint die EU die Logik der Konditionalität umgekehrt zu haben: Sie lockt nicht mit einem „Zuckerbrot“, sondern verlangt Reformen als Vorleistung. Erst nachdem diese Reformen umgesetzt worden sind, ist die EU bereit darüber nachzudenken, ob sie dem jeweiligen Land vertiefte Beziehungen anbieten möchte. Darüber hinaus ist die ENP von einer Reihe weiterer Mängel geschwächt, die ebenfalls ihre Glaubwürdigkeit untergraben (O'Donnell /Whitman 2007: 95-104). Der wichtigste ist, dass die ENP eine Art „kleinster gemeinsamer Nenner" für ein Sammelsurium unterschiedlicher Staaten ist. Ein „europäischer" Nachbar wie Aserbaidschan, der sich mittel- oder langfristig Hoffnungen auf eine Mitgliedschaft macht, findet sich unter demselben Dach wieder wie Israel und Algerien, die mit der EU ganz andere Beziehungen und Hoffnungen verbinden. Mit einer solchen Politik verhält sich die EU egoistisch.

Wenn Aserbaidschan versteht, dass es keine Chance auf eine Mitgliedschaft hat, verliert die EU auch die eingeschränkte Einflussmöglichkeit, die sie bislang noch hat. Zusammenfassend lässt sich feststellen, dass die Politik der EU gegenüber Aserbaidschan klare Interessen, neue Dynamik, aber keine deutliche Strategie hat. Lettland ist heute sowohl in der EU als auch in der NATO, Aserbaidschan ist in keiner der beiden Organisationen vertreten.

# 9 Zusammenfassung

Lettland hat sich rasch konsolidiert. Die Qualität und Stabilität lettischer Demokratie unterscheidet sich nicht mehr wesentlich von der westeuropäischer Staaten. Eine demokratische Konsolidierung ist dagegen in Aserbaidschan in absehbarer Zukunft kaum zu erwarten.

Im direkten Vergleich zur sowjetischen Vergangenheit lässt sich feststellen, dass sich die südkaukasischen Staaten damals erfolgreicher gegen Einmischungen des Zentrums Moskau abschirmen konnten als die baltischen Republiken. Die im Vergleich zu Lettland stärkere ethnokratische Prägung der offiziellen Machtstrukturen bewirkte, dass Symboliken ethnischer Identität hier im öffentlichen Leben leichter bewahrt werden konnten. In diesen Kontext gehört die offizielle Anerkennung der nationalen Sprachen in den südkaukasischen Sowjetrepubliken als ein Ergebnis der Entschlossenheit nationaler Machteliten, die hier erfolgreicher waren als im Baltikum.

Neben Lettland war Aserbaidschan gleichermaßen ein Vorzeigebeispiel für den Mobilisierungserfolg des spätsowjetischen Nationalismus. Die beiden Länder gehörten Ende der 80er Jahre zu den ersten Sowjetrepubliken, welche als Reaktion auf die Krise des Sozialismus und die Schwächung der Kontrolle von Moskau Eigenstaatlichkeit forderten (Auch 2009: 36).

Für die Veränderung ethnischer, religiöser und sozialer Strukturen der südkaukasischen Region gibt es eine Vielzahl verschiedener Gründe, die sich gegenseitig bedingten. Die blutigen Zusammenstöße zwischen der Sowjetarmee und der Bevölkerung im Kaukasus (Tbilisi am 19. April 1989, Baku am 19. und 20. Januar 1990) übertrafen in ihrem Ausmaß ähnliche Ereignisse im Baltikum. Die von diversen Konflikten ausgelösten kaukasischen Flüchtlings- und Migrationsströme trugen zu gesellschaftlichen Umwälzungen bei.

Das starke Nationalbewusstsein hat in Lettland einen förderlichen Einfluss auf die Bewältigung großer gesellschaftlicher Aufgaben gezeigt und das Verständnis für Gemeinwohl gestärkt. Das lässt sich freilich nicht pauschalisieren oder auf andere Regionen übertragen. So hat das starke Nationalbewusstsein im Südkaukasus kaum dazu beigetragen mit den postsowjetischen Prob-

lemen konstruktiv umzugehen. Wo nämlich die politische Elite Nationalismus und Demokratie gegeneinander ausspielt, ist ein Scheitern der Transformation und unter Umständen sogar Krieg vorprogrammiert.
Die Nationalbewegungen entstanden nicht nur fast zeitgleich, sondern in beiden Ländern engagierten sie sich von Beginn an und vollkommen unabhängig voneinander für Demokratie und Marktwirtschaft und überschritten damit die durch die Perestroika gesetzte Grenzen.
Allerdings wirkte sich der Gegensatz zwischen Erlangung unabhängiger Staatlichkeit im Lettland der Zwischenkriegszeit von 1918 bis 1940 einerseits und der Zerschlagung der ersten kurzlebigen parlamentarischen demokratischen Republik Aserbaidschans im muslimischen Orient von 1918 bis 1920 andererseits aus (Swietochowski 1985: 129; Mehtiyev 2009: 1-3). Als ein entscheidender Vorteil für die lettischen Aktivisten erwies sich, dass sie auf die Erinnerung an die Unabhängigkeit der Zwischenkriegszeit und auf damalige Erfolge beim Aufbau von Wirtschaft und Staat zurückgreifen konnten.
Für die Suche nach Modellen des *State-Building* gibt es zwei Orientierungspunkte, in denen sich viele Diskussionen widerspiegeln und innerhalb derer sich die Vielzahl potenzieller Optionen reduzieren. Erstens ist es die eigene positiv besetzte Vergangenheit, wie beispielsweise die Orientierung an der demokratischen Zwischenkriegsverfassung in Lettland nach dem Zusammenbruch der kommunistischen Herrschaft. Zweitens sind es historische Situationen und die aus ihnen resultierenden institutionellen Problemlösungen. Haben die Staaten keine positiv oder negativ besetzten Orientierungspunkte in ihrer eigenen Vergangenheit, dann wird die Bezugnahme auf ähnlich gelagerte ausländische historische Situationen dominant wie zum Beispiel die Orientierung Aserbaidschans bzw. der GUS-Länder auf das Modell des semipräsidentiellen Regierungssystems der V. Französischen Republik.
Gerade im Hinblick auf den Aufbau von Demokratie weist der Vergleich Lettlands und Aserbaidschan daher auf divergierende Entwicklungsstrategien hin. Für dieses Vorhaben erwiesen sich die Exil-Letten nach der Wiedererlangung der Unabhängigkeit als große Unterstützung in dem sie zunächst aus dem Hintergrund heraus Personalentscheidungen wesentlich beeinflussten und später selbst rasch in politische Ämter aufstiegen. Die starke Beteiligung der aus dem westlichen Exil kommenden Letten war auffällig (Ludwig 2000: 85). Ausgehend von dieser Betrachtung waren viele Exil-Letten gewis-

sermaßen ein „Geschenk“ für die Etablierung der Demokratie in Lettland.
Dem steht ein gänzlich anderes Bild in Aserbaidschan gegenüber. Hier kam es zu einer erneuten Machtübernahme durch (post-)sowjetische Parteikader, die bereits während der Sowjetunion regiert hatten. Die meisten Politiker, wie auch die zivilgesellschaftlichen Akteure, entstammen in Aserbaidschan gewöhnlich der kommunistischen Nomenklatura.
Das konkrete Handeln der ersten postkommunistischen politischen Staatsführungen war für die Ausnutzung der Demokratisierungschancen ausschlaggebend und bedurfte zum Erfolg überzeugter Demokraten. Das spezifische Problem Aserbaidschans bestand darin, dass die Machthaber nicht gewillt waren, den demokratischen Verfahrenskonsens zu respektieren, was die Erfolgsaussichten eines Übergangs zu einer pluralistischen Demokratie senkte.
Zusammenfassend kann eine Reihe von klaren Gegensätzen in den lettischen und aserbaidschanischen Diskursen festgehalten werden:

1) Die lettischen Nationalisten begriffen die Nation als etwas sich in einem Entwicklungsprozess befindliches und sahen im *Nation-Building* ihre Zukunftsaufgabe. Im Vergleich dazu betrachtete Aserbaidschan die Nation als ein schlüsselfertig aus der Vergangenheit übernommenes Produkt, was tief in den traditionellen Zügen der Gesellschaft eingebettet und aus ihr hervorgegangen war.
2) Je demokratischer die Nachbarstaaten und die Regionalmächte sind, desto höher sind die Chancen für eine Stabilisierung demokratischer Systeme.
3) Neben diesen beiden Aspekten existieren weitere Faktoren, die eine Demokratie begünstigen. Dazu zählt einerseits die geographische Abgeschiedenheit, aus der sich eine „spezielle“ politische Kultur und ein „spezielles“ politisches System entwickelt haben; andererseits die geopolitische Lage Lettlands und die Tatsache, dass die gesamte baltische Region in einer Zone des hegemonialen Friedens liegt. Der Grund dafür ist, dass sich alle baltischen Länder in Gebieten befinden, die der mittelbaren Einflusssphäre der USA (NATO) oder der demokratischen Regionalhegemone Europas (EU) zuzuordnen sind.

Demgegenüber gehören die EU und USA zu den externen Faktoren im Südkaukasus, der vielmehr dadurch gekennzeichnet ist, dass autoritäre Regionalmächte wie Russland oder der Iran existieren und die Frage der regionalen Vorherrschaft noch nicht entschieden ist.

Gleichzeitig sorgt die Abwesenheit demokratischer Regionalmächte in diesen Regionen dafür, dass es keine „mächtigen" Staaten gibt, die ein besonderes Interesse an der Errichtung oder am Schutz demokratischer Strukturen in Aserbaidschan haben, wodurch interne Konflikte entstehen und eskalieren können.

Auch bei einer zurückhaltenden Interpretation des Erfolges der Transformationsprozesse im postkommunistischen Raum hat das „Dilemma der Gleichzeitigkeit" (Offe 1991: 279-292) eher weniger als 50% der Ergebnisse der Wandlungen vorausgesagt. Hat das Theorem damit ausgedient? Laut Merkel hat die Theorie nicht nur trotz, sondern gerade wegen ihrer theoretischen Eleganz versagt (Merkel 2007: 427). Dies gilt nicht nur für das „Dilemma der Gleichzeitigkeit", sondern für alle handlungstheoretischen Einführungen, die sich aus der Transitionsforschung Lateinamerikas in die Transformationsforschung anderer Regionen ausgeweitet haben. Im theoretischen Dunkel in Bezug auf Lettland bleiben beim „Dilemma der Gleichzeitigkeit" insbesondere drei Variablen, die einen Großteil des raschen Konsolidierungserfolges, vor allem in Osteuropa, erklären: Modernität, Staatlichkeit und externe Akteure. Vor allem ein entscheidender Modernisierungsfaktor ging nur selten systematisch in die Prognose ein: das Bildungsniveau. Die modernisierungsorientierende Demokratisierungsforschung weiß schon länger, dass Bildung als entscheidender Prädiktor für nachhaltige Demokratisierung gilt (Moore 1985: 1-19). In Osteuropa ist das Bildungsniveau höher als in den Transformationsländern der Dritten Welt. Das im interregionalen Vergleich hohe kulturelle und soziale Modernisierungsniveau erwies sich als ein positiver Faktor für die nachhaltige demokratische Konsolidierung in Lettland. Diesen Vorteil hat Aserbaidschan nicht ausgenutzt. Zwar verzeichnet Aserbaidschan eine geringe Analphabetenrate, aber dieser Vorteil stößt hingegen beim Fehlen des „neuen Denkens" in der politischen Elite an seine Grenzen (Merkel 2007: 428).

Staatlichkeit soll hier in doppelter Hinsicht verstanden werden: Erstens betrifft es die Integrität von Staatsvolk, Staatsgebiet und Staatsmacht (Jellinek 1905: 5ff) und zweitens die Administrationsfähigkeit der Staatsbürokratie (Weber 1976: 8ff).

Generell muss hier zwischen zwei Ländergruppen in Osteuropa unterschieden werden: jene, die mit der jellinekschen Trinität eines funktionierenden

Staatswesen besondere Probleme hatten und diese nicht (friedlich) lösen konnten und solche die kein Problem damit hatten und heute demokratisch sind. In Aserbaidschan hat der Sezessionskonflikt in Berg-Karabach sicherlich zu einer Reautoritarisierung des politischen Regimes beigetragen. Dort, wo die „Staatsfrage“ prekär blieb, trug sie erheblich zur Verhinderung einer demokratischen Konsolidierung bei. Das Problem der Staatlichkeit hatte einen weit größeren Einfluss auf den Erfolg und das Scheitern der demokratischen Konsolidierung in Osteuropa als mögliche Interferenzen der gleichzeitigen politischen und wirtschaftlichen Transformation (Merkel 2007: 428-429). Wie fundamental eine funktionierende Staatlichkeit für die Entwicklung der Demokratie ist, haben Linz und Stepan (1996: 28) prägnant formuliert: „Without a state, there can be no citizenship; without citizenship there can be no democracy.“

In Lettland, wo kein Staatlichkeitsproblem vorhanden war, hat das kommunistische Regime einen einigermaßen funktionierenden Staat, vergleichsweise umfangreiche öffentliche Ressourcen und ein Verständnis für die notwendigen Funktionen des Staates hinterlassen. Zwar hat das Alijew-Regime den aserbaidschanischen Staat gefestigt, nicht jedoch die Demokratie gestärkt. Staatsfixierte Autokratien geben ein positiveres Vermächtnis für die Demokratisierung, leichter als Diktaturen mit schwachen Staatsstrukturen. Der Umbau eines omnipotenten Leviathans ist ganz offensichtlich einfacher als der Aufbau von Staatlichkeit aus *failed* oder *fragile states.* In jedem Fall ist das Problem der Staatlichkeit und der effizienten Bürokratie in der Transformationsforschung bisher unterschätzt worden (Merkel 2007: 428ff).

Handlungstheoretiker konzentrierten sich in der Transformationsforschung auf Binnenakteure im Demokratisierungsprozess. Dies gilt auch für das „Dilemma der Gleichzeitigkeit“. Externe Akteure blieben weitgehend außen vor. Allerdings hat das Beispiel Lettlands gezeigt, wie externe Unterstützung und die multilaterale Einbindung in regionale demokratische Bündnisstrukturen die demokratische Konsolidierung eines Landes vorantreiben können. Die EU hat mit den Kopenhagen-Kriterien des Jahres 1993 klare Beitrittsbedingungen für Lettland bzw. Mittel- und Osteuropa geschaffen und vertraglich präzisiert, so dass nur konsolidierte marktwirtschaftliche Demokratien in die EU aufgenommen werden sollen. Dadurch entstand eine Art Wettlauf unter den meisten neuen Demokratien Osteuropas. Derartige Möglichkeiten öffnet die

EU für Aserbaidschan jedoch bislang nicht. Vor diesem Hintergrund darf man sich nun von den „*big bang*“-Erfolgen früherer Transformationswellen verabschieden.

Zum Schluss könnte man den früheren aserbaidschanischen Präsidenten Heydär Alijew zitieren, der einst zur Situation Aserbaidschans gesagt hat, dass „*die Demokratie immer einen Anfang habe, aber nie ein Ende*“ (Gross 2001: 1ff). Wann ernsthafte Demokratisierungsprozesse unter der jeweiligen Regierung im Südkaukasus anfangen werden, bleibt abzuwarten. Die Frage nach deren etwaigem Ende stellt sich fürs erste kaum.

# Bibliographie

Anton, Florian (2005): „Lettland in Europa: Ein Rückblick und ein Ausblick", in: Luks, Leonid/Anton, Florian (Hrsg.): *Deutschland, Russland und das Baltikum*, Köln, 335-364.

Auch, Eva-Maria (2009): „Ein Blick in die Geschichte Kaukasiens", in: *Aus Politik und Zeitgeschichte*, Nr. 13, S. 31-40.

Auch, Eva-Maria (2003): „Südkaukasien – Staaten mit Territorialkonflikten", in: *Informationen zur politischen Bildung: Kaukasus-Region*, S. 10-22.

Auch, Eva-Maria (1995): „Die politische Entwicklung in Aserbaidschan", in: Meissner, Boris/Eisfeld, Alfred (Hrsg.): *Die GUS-Staaten in Europa und Asien*, Baden-Baden, S. 153-176.

Auch, Eva-Maria (1994): *Aserbaidschan: Demokratie als Utopie?*, *Berichte des Bundesinstituts für ostwissenschaftliche Studien*, Köln.

Außenministerium der Russischen Föderation, in: http://www.mid.ru/ns-reuro.nsf/348bd0da1d5a7185432569e700419c7a/e9d4dfcaf9273a54 43256db1004e78af?OpenDocument 17. 04. 09.

Babayev, Azer (2007): „Strategie und Demokratie: Aserbaidschan und die EU-Nachbarschaftspolitik", in: *Osteuropa*, Nr. 2-3, S. 201-208.

Babayev, Azär (2006): „Demokratie-Test nicht bestanden: Parlamentswahlen in Aserbaidschan 2005", in: *Osteuropa*, Nr. 3, S. 33-43.

Badalow, Rachman (2004): „Die Demokratie in Aserbaidschan zu Beginn des 21. Jahrhunderts", in: Heinrich-Böll-Stiftung (Hrsg.): *Diaspora, Öl und Rosen: Zur innenpolitischen Entwicklung in Armenien, Aserbaidschan und Georgien*, Berlin, S. 179-204.

*Bakinskij Rabočij* vom 24. 01. 2008, S. 1-2.

*Bakinskij Rabočij* vom 30. 09. 1993, S. 3.

Beichelt, Timm (2002): „Demokratie und Konsolidierung im postsozialistischen Europa“, in: Bendel, Petra/ Croissant, Aurel/Rüb, Friedbert (Hrsg.): *Zwischen Demokratie und Diktatur. Zur Konzeption und Empirie demokratischer Grauzonen*, Opladen, S. 183-197.

Beichelt, Timm (2001): *Demokratische Konsolidierung im postsozialistischen Europa. Die Rolle der politischen Institutionen*, Opladen.

Beyme, Klaus von (2000): „Osteuropaforschung nach dem Systemwechsel. Der Paradigmenwandel der "Transitologie"“, in: Creuzberger, Stefan u.a. (Hrsg.): *Wohin steuert die Osteuropaforschung*, Köln, S. 225-244.

Beyme, Klaus von (1999): „Osteuropaforschung nach dem Systemwechsel. Der Paradigmawandel der `Transitologie`“, in: *Osteuropa*, Nr. 3, S. 285-304.

Beyme, Klaus von (1996): „Ansätze zu einer Theorie der Transformation der ex-sozialistischen Länder Osteuropas“, in: Merkel, Wolfgang (Hrsg.): *Systemwechsel 1. Theorien, Ansätze und Konzepte der Transitionsforschung*, Opladen, S. 141-171.

Below, Andreas (2003): „Die baltischen Staaten sind gerüstet. Eine Bestandaufnahme vor dem Beitritt“, in: *Die politische Meinung*, Nr. 404, S. 41-48.

Berdnikovs, Andrejs (2007): „Wechselwirkung von Staat und Diaspora“, in: Reetz, Axel (Hrsg.): *Aktuelle Probleme postsozialistischer Länder. Das Beispiel Lettland*, Wittenbach, S. 109-111.

Bertelsmann Transformation Index 2008, *Ländergutachten: Aserbaidschan,* in: http://www.bertelsmann-transformationindex.de/fileadmin/pdf/ Kurzgutachten_BTI_20 08/GUS/BTI_2008_Aserbaidschan.pdf

Bertelsmann Transformation Index 2003, *Ländergutachten: Aserbaidschan,* in: http://bti2003.bertelsmann-transformationindex.de/fileadmin/pdf/ laendergutachtenn/gus_mongolei /Aserbaidschan.pdf

Bleiere, Daina (2008) (Hrsg.): *Geschichte Lettlands: 20. Jahrhundert*, Riga.

Bos, Ellen (1996): „Die Rolle von Eliten und kollektiven Akteuren in Trasitionsprozessen", in: Merkel, Wolfgang (Hrsg.): *Systemwechsel 1. Theorien, Ansätze und Konzepte der Transitionsforschung*, Opladen, S. 81-109;

Bumanis, Martins (1989): *Die Kommunistische Partei Lettlands und die nationale Frage im Zeichen der "Umgestaltung"*, Köln.

Bungs, Dzintra (2002): „Die Rückkehr Estlands, Lettlands und Litauens nach Europa (1989-1999)", in: Gabanyi, Anelli Ute/Schroeder, Klaus (Hrsg.): *Vom Baltikum zum Schwarzen Meer: Transformation im östlichen Europa*, München, S. 173-196.

Bungs, Dzintra (1992): "Drafting New Constitutions: Latvia", in: *RFE/RL Research Report*, Nr. 27, S. 62-66.

Christophe, Barbara (2003): „Bringing Culture back into a Concept of Rationality. State-Society Relations and Conflict in Postsocialist Transcaucasus", in: Köhler, Jan/ Zürcher, Christopher (Eds.): *The Potential of Post-Soviet (Dis-) Order*, Manchester, S. 193-207.

Christophe, Barbara (2002): „Nation als Ressource im Transformationsprozess?", in: *Osteuropa*, Nr. 9-10, S. 1217-1234.

Christophe, Barbara (1997): *Staat versus Identität. Zur Konstruktion von Na-*

*tion und nationalem Interesse in den litauischen Transformationsdiskursen von 1987 bis 1995,* Köln.

Croissant, Aurel (2002): „Einleitung: Demokratische Grauzonen – Konturen und Konzepte eines Forschungszweigs", in: Bendel, Petra/ Croissant, Aurel/Rüb, Friedbert (Hrsg.): *Zwischen Demokratie und Diktatur. Zur Konzeption und Empirie demokratischer Grauzonen*, Opladen, S. 9-53.

Dawson, Peter M. (1996): *"Liberal Hegemony and Democratic Peace." Paper Presented To the International Studies Association Annual Meeting*, San Diego.

Deegan, Heather (1994): *The Middle East and the Problems of Democracy*, Boulder.

Diamond, Larry (1999): *Developing Democracy Toward Consolidation*, Baltimore/London.

Diamond, Larry 1997: "Introduction: In Search of Consolidation", in: Diamond, Larry/Plattner, Marc F./Chu, Yun-han/Tien, Hung-mao (Hrsg.) (1997): *Consolidating the Third Wave Democracies: Themes and Perspectives*, Baltimore/London, S. xiii-xlvii.

Diamond, Larry (1994a): "*Toward Democracy Consolidation", in: Journal of Democracy*, Nr. 3, S. 4-17.

Diamond, Larry (1994): "Introduction: Political Culture and Democracy", in: ders (Hrsg.): *Political Culture and Democracy in Developing Countries*, Boulder & London, S. 1-2.

Dorodnova, Jekaterina (2003): *Challenging Ethnic Democracy: Implementation of the Recommendations of the OSCE High Commisioner on National Minorities to Latvia, 1993-2001*, Hamburg.

Europäische Kommission (2003): „Umfassender Monitoring Bericht über die

Vorbereitungen Lettlands auf die Mitgliedschaft“, in: http://ec.europa.eu/enlargement /archives/pdf/key_documents/2003/ cmr_lv_final_de.pdf 28. 03. 09

Europäische Kommission (1998): *Regelmäßiger Bericht der Kommission über die Fortschritte Lettlands auf dem Weg zum Beitritt*, Brüssel.

Europäische Kommission (2002): „Regelmäßiger Bericht der Kommission über die Fortschritte Lettlands auf dem Weg zum Beitritt, Brüssel“, SEK (2002) 1405, in: http://ec.europa.eu/enlargement/archives/pdf/ key_documents/2002/lv_de.pdf, 22. 04.2009

Europäischer Rat von Kopenhagen – Beitrittskriterien, in: http://ec.europa.eu/enlargement/enlargement_process/accession_ process/criteria/index_de.htm 18. 04. 2009

Freden, Lars (1994): „Das Verhältnis Schwedens zur baltischen Region“, in: Meissner, Boris/Loeber, Dietrich/Hasselblatt, Cornelius (Hrsg.): *Die Außenpolitik der baltischen Staaten und die internationalen Beziehungen im Ostseeraum*, Hamburg, S. 325-347.

Freedom House (2008): “Nations in Transit 2008: Democratization from Central Europe to Eurasia”, in: http://www.freedomhouse.hu/images/ fdhgalleries/NIT2008/NTAzer baijan-final.pdf, S. 97-116. 24. 04. 2009.

Furman, Dmitrij (2006): „Ursprünge und Elemente imitierter Demokratien. Zur politischen Entwicklung im postsowjetischen Raum“, in: *Osteuropa*, Nr. 9, S. 3-24.

Gabriel A. Almond/G. Bingham Powell (1978): *Comparative Politics: System, Process and Politics*, Boston/ Toronto.

Gänzle, Stephan (2003): *Die Europäische Union als außenpolitischer Akteur: Eine Fallstudie zur Politik der EU gegenüber den baltischen Staaten und Russland (1991-2002)*, Dissertation, Jena.

Garleff, Michael (2004): „Die Geschichte der baltischen Länder“, in: Landeszentrale für politische Bildung Baden-Württemberg (Hrsg.): *Die Bürger im Staat*, Nr. 2-3, S. 92-101.

Gasimov, Zaur (2009a): „Demokraten oder Nationalisten? Zur Dissidentenbewegung im sowjetischen Südkaukasus am Beispiel Georgiens und Aserbaidschans“, in: *Forum für osteuropäische Ideen- und Zeitgeschichte* 13, Nr. 1, S. 107-128.

Gasimov, Zaur (2009): *Militär schreibt Geschichte. Instrumentalisierung der Geschichte durch das Militär in der Volksrepublik Polen und in der Sowjetunion 1981-1991*, Berlin.

Geyer, Dietrich: (1998): „Der Nationalstaat im postkommunistischen Mittel- und Osteuropa“, in: *Osteuropa,* Nr. 7, S. 653-660.

Giesen, Bernhard (1993): *Die Intelektuellen und die Nation*, Frankfurt a. M.

Gleditsch, Kristian Skrede (2000): *"International Dimension of Democratization", Presented at the 9 European Consortium for Political Research Joint Sessions*, Copenhagen, Denmark.

Gleditsch, Kristian Skrede/Ward, Michael D. (2000): "War and Peace in Time and Space: The Role of Democratization", in: *International Studies Quarterly,* Nr. 44, S. 1-29.

Götz, Roland/Halbach, Uwe (1996) (Hrsg.): *Politisches Lexikon GUS*, München

Gross, Andreas (2001): „Kann sich der Europarat die Aufnahme Aserbaidschans leisten?“ in: http://www.andigross.ch/, 25. 04. 2009.

Halbach, Uwe (2009): „Die Georgienkriese als weltpolitisches Thema“, in: *Aus Politik und Zeitgeschichte*, Nr. 13, S. 3-11.

Halbach, Uwe (2008): „Armenien", in: Weidenfeld, Werner (Hrsg.): *Die Staatenwelt Europas*, Bonn, S. 74-79.

Halbach, Uwe (2008a): „Die Georgien-Krise in ihrer kaukasischen Dimension", in: *SWP-Aktuell*, Nr. 75, Berlin (Stiftung Wissenschaft und Politik).

Halbach, Uwe (2003): „Herbst der Patriarchen. Wahlen, dynastischer Herrschaftswechsel und „Rosenrevolution" im Südkaukasus", in: *SWP-Aktuell*, Nr. 49, Berlin (Stiftung Wissenschaft und Politik).

Hausmann, Hartmut (2005): „Wir sind mit Rückschritten und Rückfällen konfrontiert", in: http://www.andigross.ch/, 26. 04. 09.

Helmerich, Martina (2006): „Vom Familienclan zur Erbdynastie – der Sonderweg Aserbaidschans", in: Bos, Ellen/Helmerich, Antje (Hrsg.): *Zwischen Diktatur und Demokratie: Staatspräsidenten als Kapitäne des Systemwechsels in Osteuropa*, Berlin, S. 135-148.

Henning, Detlef (2008): „Lettland", in: Weidenfeld, Werner (Hrsg.): *Die Staatenwelt Europas*, Bonn, S. 275-283.

Henning, Detlef (2001): „Lettland", in: Weidenfeld, Werner (Hrsg.): *Den Wandel gestalten – Strategien der Transformation*, Band 2, Bonn, S. 86-109.

Henning, Detlef (1998): „Lettlands Weg von der sowjetischen Vergangenheit in die europäische Zukunft", in: *Aus Politik und Zeitgeschichte*, Nr. 37, S. 27-34.

Henning, Detlef (1994): „Der Weg Estlands, Lettlands und Litauens in die zweite Unabhängigkeit", in: Altmann, Franz-Lothar / Hösch, Edgar (Hrsg.): *Reformen und Reformer in Osteuropa*, Regensburg, S. 203-233.

Hermann, Rainer (1993): *Die Transformation des politischen Systems Lett-*

*lands*, Freiburg.

Hildermeier, Manfred (1994): „Verhinderte Nationen: zu einigen Merkmalen und Besonderheiten nationaler Bewegungen in Russland und der Sowjetunion“, in: *Archiv für Sozialgeschichte*, Nr. 34, S. 1-18.

Huntington, Samuel P. (1991): *The Third Wave: Democratization in the Late Twentieth Century,* Oklahoma.

Iyikan, Necati (2005): *Die politischen Beziehungen zwischen der Türkei und Aserbaidschan (1992-2003)*, Hamburg.

Industrie- und Handelskammer zu Dortmund (IHK)(2009): „Die Wirtschaft Aserbaidschans“, in: http://www.dortmund.ihk24.de/produktmarken/international/Laender/AZ _FF/index.jsp 24.04.2009

Jahn, Egbert (2007): „Ausdehnung und Überdehnung: Von der Integrationskonkurrenz zwischen Brüssel und Moskau zum Ende der europäischen Integrationsfähigkeit“, in: *Osteuropa*, Nr. 2-3, S. 35-55.

Jakubauskas, Adas (2008): „Gemeinde der litauischen Tataren: Vergangenheit und Gegenwart“, in: *Altabash*, 40-41, S. 10-12, in: www.geocities.com/altabash4/AlTaBash_40-41.pdf, 26. 04. 09.

Jellinek, Georg (1905): *Allgemeine Staatslehre*, Berlin.

Jowitt, Kenneth (1992): „Neotraditionalism“, in: Ders (Hrsg.): *The New World Disorder. The Leninist Extinction*, Berkeley.

Juchler, Jakob (1994): „Schwierige Demokratisierungsprozesse. Zur politischen Entwicklung in den Reformländern Osteuropas“; in: *Osteuropa,* Nr. 2, S. 125-141.

Jundzis, Talavs (1996): „Baltic States: Cooperation on Security and Integration into the European Security System”, in: http://www.nato.int/acad/

fellow/94-96/jundzis/01.htm, 17. 04. 2009.

Kaiser, Urban (2004): *Die baltischen Staaten vor dem EU-Beitritt – Sind Estland, Lettland und Litauen konsolidierte Demokratien? Eine vergleichende Untersuchung auf Basis des Konzeptes „demokratischer Konsolidierung“ von Larry Diamond*, Norderstedt.

Kayabaşı, Songül (2005): Struktur- und Grundmerkmale der aserbaidschanischen Presselandschaft, Bochum.

Kappeler, Andreas (1992): *Russland als Vielvölkerreich. Entstehung. Geschichte. Zerfall*, München.

Karl, Therry (1995): “The Hybrid Regimes of Central America”, in: *Journal of Democracy,* Nr. 6, S. 72-86.

Kaufmann, Walter (2009): „Der weite Weg zur "Zivilgesellschaft"“, in: *Aus Politik und Zeitgeschichte*, Nr. 13, S. 12-18.

Khaldun, Ibn (1950*): An Arab Philosophy of History. Selections from the Prolegomena of Ibn Khaldun of Tunis (1332-1406*). Translated and arranged by Charles Issawi, London.

Kissinger, Henry (1996): *Vernunft der Nationen. Über das Wesen der Außenpolitik*, Berlin.

Klein, Margarete (2007): „Marginalisierte Opposition, manipulierte Öffentlichkeit und mangelnde Rechtstaatlichkeit: Zur Bandbreite autoritärer Systeme in der GUS“, in: Böhmer, Jule/Vietör, Marcel (Hrsg.): *Osteuropa heute: Entwicklungen – Gemeinsamkeiten – Unterschiede*, Hamburg, S. 197-224.

Lane, Ruth (1992): „Political Culture. Residual Category or General Theory”, in: *Comparative Political Studies*, Nr. 1, S. 362-387.

Lange, Peer H (1993): „Sicherheit im Baltikum", in: *Baltische Briefe*, Nr. 10, S. 1-15.

Lauth, Hans-Joachim/Merkel, Wolfgang (1997): „Zivilgesellschaft und Transformation", in: dies. (Hrsg.): *Zivilgesellschaft im Transformationsprozess*, Mainz, S. 15-49.

Lebenslauf der lettischen Staatspräsidentin Dr. Vaira Vike-Freiberga, in: http://www.president.lv/pk/content/?cat_id=16&p&lng=de, 16. 04. 2009.

Lejins, Atis (2001): "The Security Aspect: The Interests and Efforts of Latvia", Klöcker, Georg (Hrsg.): *Ten Years after the Baltic States Re-entered the International Stage*, (Schriften des Zentrum für Europäische Integrationsforschung -ZEI- der Universität Bonn), Baden-Baden, S. 205-216.

Lendvai, Paul (1995): „Nationalitäten- und Minderheitenkonflikte in Mittel- und Osteuropa", in: Weidenfeld, Werner (Hrsg.): *Demokratie und Marktwirtschaft in Osteuropa, Strategien für Europa*, Gütersloh, S. 89-104.

Levits, Egil (1993): "Die Ausländer und Minderheitenpolitik der baltischen Staaten unter besonderer Berücksichtigung des Problems der Zuwanderer aus der Sowjetunion", in: Gutmann, Gernot / Wöhlke, Wilhelm (Hrsg.): *Die Unabhängigkeit der baltischen Länder,* Marburg/Lahn, S. 49-72.

Levits, Egil (1990): „Lettland unter sowjetischer Herrschaft", in: Meissner, Boris: *Die baltischen Nationen: Estland – Lettland – Litauen*, Köln, S. 131-170.

Lewada, Juri (1992): *Die Sowjetmenschen 1989-1991. Soziogram eines Zerfalls*, Berlin.

Lijphart, Arend (1984): *Democracies: Patterns of Majoritarian and Consensus Government in Twenty-One Countries*, New Haven/London.

Lijphart, Arend (1992) (Hrsg.): *Parliamentary versus Presidential Governments*, Oxford.

Linz, Juan J. (2003): *Totalitäre und autoritäre Regime*. Berlin.

Linz, Juan J./Stepan, Alfred (1997): "Toward Consolidated Democracies", in: Diamond, Larry/Plattner, Marc F./Chu, Yun-han/Tien, Hung-mao (Hrsg.): *Consolidating the Third Wave Democracies: Themes and Perspectives*, Baltimore/London.

Linz, Juan J./Stepan, Alfred (1996): *Problems of Democratic Transition and Consolidation: Southern Europe, South America, and Post-Communist Europe*, Baltimore/London.

Linz, Juan, (1990a): "Transitions to Democracy", in: *The Washington Quarterly*, Nr. 13, S. 143-164.

Linz, Juan (1990): "The Perils of Presidentialism", in: *Journal of Democracy*, Nr. 1, S. 51-69.

Linz, Juan (1988): *Democracy: Presidential or Parliamentary. Does it Make a Difference?* Chicago.

Loewenstein, Karl (1959): *Verfassungslehre*, Tübingen.

Lough, John (1993): "The Place of „Near Abroad“ in Russian Foreign Policy", in: *RFE/RL Research Report*, Nr. 11, S. 21-29.

Luchterhandt, Otto (2002): „Präsidentialismus in den GUS-Staaten“, in: ders. (Hrsg.): *Neue Regierungssysteme in Osteuropa und der GUS*, Berlin, S. 255-371.

Ludwig, Klemens (2000): *Lettland. Geschichte und Landeskunde*, München.

Luhmann, Niklas (2005): „Einfache Sozialsysteme“, in: Ders.: *Soziologische Aufklärung* 2, Wiesbaden, S. 25-47.

Lux, Markus (2000): „Drei Staaten – ein ‚Baltischer Weg'? Die Zivilgesellschaft in der Transformation im Baltikum“, in: Merkel, Wolfgang (Hrsg.): *Systemwechsel 5. Zivilgesellschaft und Transformation*, Opladen, S. 145-171.

Machiavelli, Niccolo (1925): „Geschichte von Florenz“, in: Floerke, Hanns (Hrsg.): *Gesammelte Schriften in fünf Bänden*, Bd. IV. München, S. 5-71.

Maćkow, Jerzy (2005): *Totalitarismus und danach. Einführung in den Kommunismus und die postkommunistische Systemtransformation*, Baden-Baden, 2005.

Maćkow, Jerzy (1999): „Der Wandel des kommunistischen Totalitarismus und postkommunistische Systemtransformation: Periodisierung, Problematik und Begriffe“, in: *Zeitschrift für Politikwissenschaft*, Nr. 4, S. 1347-1380.

Malek, Martin (2008): „Die Europäische Union und die „frozen conflicts“ im Südkaukasus“, in: Aghayev, Mardan (Hrsg.): *Jahrbuch Aserbaidschanforschung 2008. Beiträge aus Politik, Wirtschaft, Geschichte und Literatur*, Berlin, S. 15-41.

Manukian, Arthur (2008): „Armenien zwischen Russland und Nato: Auf der Suche nach neuen „Welten““, in: http://www.armenieninfo.net/?p=335, 16.04.2009.

Masala, Carlo (2004): „Schwimmende Politea? Demokratische Mikroinseln im Südpazifik und in der Karibik, in: *Politische Vierteljahresschrift*, Nr. 2, S. 237-258.

Mattusch, Katrin (1996): *Demokratisierung im Baltikum? Über die Begrenzung von Demokratisierungschancen durch politische Kulturen*, Frankfurt. a. M.

Mehtiyev, Ramiz (2009): Azerbajdžan uže ne ta strana, kotoraja byla let 10 nazad (Aserbaidschan ist nicht mehr das Land, welches 10 Jahre früher war), in: http://day.az/news/politics/150880.html S. 1-3, 04.04.2009.

Merkel, Wolfgang (2007): Gegen alle Theorie? Die Konsolidierung der Demokratie in Ostmitteleuropa, in: *Politische Vierteljahresschrift*, Nr. 3, S. 413-433.

Merkel, Wolfgang (2003a): „Transformation politischer Systeme", in: Münkler, Herfried (Hrsg.): *Politikwissenschaft. Ein Grundkurs,* Reinbek bei Hamburg , S. 207-245.

Merkel, Wolfgang et al., (Hrsg.) (2003): *Defekte Demokratie. Band 1: Theorie*, Opladen.

Merkel, Wolfgang (1999): *Systemtransformation. Eine Einführung in die Theorie und Empirie der Transformationsforschung*, Opladen.

Merkel, Wolfgang (1996): „Theorien der Transformation. Die demokratische Konsolidierung postautoritärer Gesellschaften", in: Klaus von Beyme / Claus Offe (Hrsg.): *Politische Theorien in der Ära der Transformation,* Politische Vierteljahresschrift, Sonderheft 26, Opladen, S. 30-58.

Merkel, Wolfgang (1995): „Theorien der Transformation: Die demokratische Konsolidierung postautoritärer Gesellschaften", in: *Politische Vierteljahresschrift*, Sonderheft 26, S. 30-58.

Moore, Mick (1985): "Democracy and Development in Cross-National Perspective: A New Look at Statistics", in: *Democratization,* Nr. 2, S. 1-19.

Mošes, Arkadij (2007): „Priorität gesucht: Die EU, Russland und ihre Nachbarn“, in: *Osteuropa,* Nr. 2-3, S. 21-33.

Nabiyev, Rizvan (2003): *Erdöl- und Erdgaspolitik in der kaspischen Region: Ressourcen, Verträge, Transportfragen und machtpolitische Interessen*, Berlin.

Nies, Susanne (2009): „Lettland zwischen Nationalismus und Pragmatismus. Die lettische nationale Bewegung und der lettische Nationalismus 1986-1996“, in: Jahn, Egbert (Hrsg): *Nationalismus im spät- und postkommunistischen Europa: Nationalismus in den Nationalstaaten*, Band 2, Baden – Baden, S. 206-221.

Nies, Suzanne (1995): *Lettland in der internationalen Politik. Aspekte seiner Außenpolitik (1918-1995)*, Münster.

Nikolic, Milos (1998): „Zwölf Merkmale der Transformation zu Demokratie, Zivilgesellschaft und moderner Marktwirtschaft in Mittel- und Osteuropa (1989-1997)“, in: Arndt Hopfmann/Michael Wolf (Hrsg.): *Transformation und Interdependenz. Beiträge zu Theorie und Empirie der mittel- und osteuropäischen Systemwechsel*, Münster, S. 135-178.

Nissinen, Marja (1999): *Latvia's Transition to a Market Economy: Political Determinants of Economic Reform Policy*, London.

Nörgaard, Ole (1995): *The Baltic States after Independence*, Cheltenham/Brookfield.

O'Donnell, Clara/Whitman, Richard (2007): „Das Phantom-Zuckerbrot: Die Konstruktionsfehler der ENP“, in: *Osteuropa*, Nr. 2-3, S. 95-104.

O'Donnell, Guillermo (1996): "Delegative Democracy", in: Diamond, Larry/Platter, Marc F. (Hrsg.): *The Global Resurgence of Democracy*, Baltimor/London, S. 94-108.

O'Donnell, Guillermo/Schmitter, Phillipe C (1986): *Transitions from Authoritar-*

*ian Rule: Tentative Conclusions about Uncertain Democracies*, Baltimore.

Offe, Claus (1991): „Das Dilemma der Gleichzeitigkeit. Demokratisierung und Marktwirtschaft in Osteuropa", in: *Merkur,* Nr. 45, S. 275-292.

Ogrinz, Andreas Nikolaus (2007): „Politische Institutionen und demokratische Konsolidierung: Ecuador, Peru und Chile von der Transition bis zum Beginn des 21. Jahrhunderts", in: http://archiv.ub.uni-heidelberg.de/volltextserver/volltexte/2008/8113/pdf/Dissertation_Ogrinz_FINAL.pdf, 10. 04. 2009.

O'Loughlin, John (2001): "Geography and Democracy: The Spatial Diffusion of Political and Civil Rights", in: Dijkink, Gertjan/Knippenberg, Hans (Hrsg.): *The Territorial Factor: Political Geography in a Globalising* World, S. 77-96.

O'Loughlin, John/Ward, Michael D./Lofdah, I Corey L./Cohen, Jordin S./ Brown, David S./Reilly, David/Gleditsch, Kristian S./Shin, Michael (1998): "The Diffusion of Democracy, 1946-1994" in: *Annals of the Association of American Geographers* 88, S. 545-574.

Plakans, Andrejs (1997): "Democratization and Political Participation in Post-communist Societies: the Case of Latvia", in: Dawisha, Karen/Parrott, Bruce*: The Consolidation of Democracy in East-Central Europe,* New York, S. 245-289.

Poole, Ross (1999): *Nation and Identity*, London/New York.

Pridham, Geoffrey (2006): "European Union Accession Dynamics and Democratization in Central and Eastern Europe: Past and Future Perspectives", in: *Government and Opposition*, Nr. 3, S. 373-400.

Pridham, Geoffrey (2002): "EU Enlargement and Consolidating Democracy in Post-Communist States – Formality and Reality", in: *Journal of Common Market Studies*, Nr 5, S. 953-973.

Pridham, Geoffrey (1995): „The International Context of Democratic Consolidation: Southern Europe in Comparative Perspective", in: Gunter, Richard/Diamandouros, Nikiforos P./Puhle, Hans-Jürgen (Hrsg.): *The Politics of Democratic Consolidation. Southern Europe in a Comparative Perspective*, Baltimore, London, S. 166-203.

Pridham, Geoffrey (1994): „The International Dimension of Democratization: Theory, Practice and Inter-regional Comparisons", in: Pridham, Geoffrey/Herring, Eric/Sanford, George (Hrsg.): *Building Democracy? The International Dimension of Democratization in Eastern Europe,* London, S. 7-31.

Pridham, Geoffrey (1991): "International Influences and Democratic Transition: Problems of Theory and Practice in Linkage Politics", in: Ders. (Hrsg.): *Encouraging Democracy: The International Context of Regime Transition in Southern Europe*, Leicester, S. 1-28.

Przeworski, Adam (1991): *Democracy and the Market: Political and Economic Reforms in Eastern Europe and Latin America, Cambridge.*

Rasma, Karklins (1994): *Ethnopolitics and Transition to Democracy: The Collapse of the USSR and Latvia, Washington*, Baltimore, London.

Reetz, Axel (2003): „Staatsaufbau und Demokratisierung im Baltikum. Erfolge und Defizite", in: Bendel, Petra / Croissant, Aurel / Friedrich W. Rüb (Hrsg.): *Demokratie und Staatlichkeit. Systemwechsel zwischen Staatsreform und Staatskollaps*, Opladen, S.139-158.

Reetz, Axel (2008): „Baltische Staaten: Politiker als Fixpunkte und verschiedene Varianten von parteipolitischer Fluidität", in: Boss, Ellen/Segert, Dieter (Hrsg.): *Osteuropäische Demokratien als Trendsetter? Parteien und Parteiensysteme nach dem Ende des Übergangsjahrzehnts*, Opladen, S.229-252.

Rosenau, James N. (1969): „Toward the Study of National-International Linkages", in Ders. (Hrsg.): Linkage Politics: Essays on the Convergence of National and International Systems, New York, S. 44-63.

Rothacher, Albrecht (2002): *Im wilden Osten. Hinter den Kulissen des Umbruchs in Osteuropa*, Hamburg.

Rüb, Friedbert W. (2002): „Hybride Regime: Politikwissenschaftliches Chamäleon oder neuer Regimetypus? Begriffliche und konzeptionelle Überlegungen zum neuen Pessimismus in der Transitologie", in: Bendel, Petra/ Croissant, Aurel/Rüb, Friedbert (Hrsg): *Zwischen Demokratie und Diktatur. Zur Konzeption und Empirie demokratischer Grauzonen*, Opladen, S. 99-118.

Rüb, Friedbert W. (1996): „Die Herausbildung politischer Institutionen in Demokratisierungs prozessen" in: Merkel, Wolfgang (Hrsg): *Systemwechsel 1. Theorien, Ansätze und Konzepte der Transitionsforschung*, Opladen, S. 111-137.

Sandschneider, Eberhard (1996): „Systemtheoretische Perspektiven politikwissenschaftlicher Transformationsforschung", in: Merkel, Wolfgang (Hrsg.): *Systemwechsel 1. Theorien, Ansätze und Konzepte der Transitionsforschung*, Opladen, S. 23-45.

Scheide, Carmen (2008): „Erinnerungsbrüche. Baltische Erfahrungen und Europas Gedächtnis, in: *Osteuropa*, Nr. 6, S. 117-128.

Schlomann, Friedrich-Wilhelm (1993): *Keiner sagt: Jungs, kommt bald wieder! Der Abzug der russischen Truppen aus Deutschland und Osteuropa*, Deutsche Welle Dokumentation, Köln.

Schmidt, Thomas (2003): *Die Außenpolitik der baltischen Staaten. Im Span-*

*nungsfeld zwischen Ost und West*, Wiesbaden.

Schmidt, Thomas (2002): „Der lettische Saeima zwischen Kontinuität und Wandel“, in: Kraatz, Susanne/Steinsdorff, Silvia von (Hrsg.): *Parlamente und Systemtransformation im postsozialistischen Europa*, Opladen, S. 221-246.

Schmidt, Thomas (2002a): „Das politisches System Lettlands“, in: Ismayr, Wolfgang (Hrsg.): *Die politischen Systeme Osteuropas,* Opladen, S. 109-148.

Schmitt, Carl (1928): *Verfassungslehre*, Berlin.

Schmitter, Phillipe C./Guilhot, Nicolas (2000): „From transition to consolidation. Extending the concept of democratization and the practice of democracy", in: Dobry, Michel (Hrsg.): *Democratic and Capitalist Transitions in Eastern Europe*, Dordrecht/Boston/London, S. 131-146.

Schmitter, Philippe C. (1997): "Civil Society East and West", in: Diamond, Larry/Plattner, Marc F./Chu, Yun-han/Tien, Hung-mao (Hrsg.): *Consolidating the Third Wave Democracies: Themes and Perspectives*, Baltimore/London, S. 239-262.

Schmitter, Philippe C. (1995a): „The Consolidation of Political Democracies: Processes, Rhythms, Sequences una Types“, in: Pridham, Geoffrey (Hrsg.): *Transitions to Democracy. Comparative Perspectives from Southern Europe, Latin America and Eastern Europe*, USA/Singapore/Sydney, S. 535-569.

Schmitter, Philippe C. (1995): "Transitology: The Science or the Art of Democratization?", in: Tulchin, Joseph S./Romero, Bernice (Hrsg.): *The Consolidation of Democracy in Latin America*, Boulder, S. 11-41.

Schmitter, Philippe C. (1992a): "The Consolidation of Democracy and Representation of Social Groups", in: *American Behavioral Scientist*, Nr. 4-5,

S. 422-449.

*Schmitter*, Philippe C. (1992): "Interest Systems and Condolidation of Democracies", in: Marks, Garry/Diamond, Larry (Hrsg.): *Reexamining Democracy. Essays in Honor of Seymour Martin Lipset*, Newbury Park, S. 156-181.

Schmitter, Philippe C. (1988): *The Consolidation of Political Democracy in Southern Europe*, Stanford.

Shlapentokh, Vladimir (1996): „Early Feudalism: The Best Parallel for Contemporary Russia", in: *Europe Asia Studies*, Nr. 3, S. 393-412.

Segert, Dieter (2007): „Postsozialismus-Spätsozialismus-Staatssozialismus: Grundlinien und Grundbegriffe einer politikwissenschaftlichen Postsozialismus-Forschung", in: Segert, Dieter (Hrsg.): *Postsozialismus. Hinterlassenschaften des Staatssozialismus und neue Kapitalismen in Europa*, Wien. S. 1-24.

Simon, Gerhard (2005): „Entkolonialisierung in der Sowjetunion. Die neuen nationalen Eliten in den sowjetischen Unionsrepubliken seit den 1950er Jahren", in: Luks, Leonid/Anton, Florian (Hrsg.): *Deutschland, Russland und das Baltikum*, Köln, 277-290.

Simon, Gerhard (1986): *„Nationalismus und Nationalitätenpolitik in der Sowjetunion: Von der totalitären Diktatur zur nachstalinistischen Gesellschaft"*, Baden-Baden.

Suny, Ronald Grigor (1993): *„The Revenge of the Past: Nationalism, Revolution, and the Collapse of the Soviet Union." From Union to Commonwealth: Nationalism and Separatism in the Soviet Republics,* Cambridge.

Sticht, Monika (2006): *Der Beitrag des Europarats zur demokratischen Transformation in Mittel- und Osteuropa seit 1989 am Beispiel von Ungarn, Rumänien und Aserbaidschan*, Berlin.

Strods, Heinrihs (1994): „Die Hauptrichtungen der Politik Russlands im Baltikum: Geschichte und Gegenwart", in: Meissner, Boris/ Loeber, Dietrich A./ Hasselblatt, Cornelius (Hrsg.): *Die Außenpolitik der baltischen Staaten und die internationalen Beziehungen im Ostseeraum*, Hamburg, S. 446-455.

Swietochowski, Tadeusz (1985): *Russian Azerbaijan, 1905-1920: The Shaping of National Identity in a Muslim Community*, Cambridge.

The World Bank (2009): "Data and Statistics for Azerbaijan", in: http://web.worldbank.org/WBSITE/EXTERNAL/COUNTRIES/ECAEXT/AZERBAIJANEXTN/0,,menuPK:301939~pagePK:141132~piPK:141109~theSitePK:301914,00.html 24. 04. 2009.

Thompson, William (1996): "Democracy and Peace: Putting the Cart before the Horse", in: *International Organization,* Nr. 1, S. 141-174.

Tosqueville, Alexis de (1987): *Über die Demokratie in Amerika*, 1. Band, II. Teil, Kapitel 7, Frankfurt a. M.

Transparency International 2008 Corruption Perceptions Index, in: http://www.transparency.de/fileadmin/pdfs/Korruptionsindices/08-0923 CPI2008_Rangliste_deutsch.pdf.

Trapans, Jan Arveds (1991): „The Sources of Latvia's Popular Movement", in: ders. (Hrsg.): *Toward Independence: The Baltic Popular Movements*, San Francisco/Oxford, S. 25-42.

Verdery, Katherine (1996): *What Was Sozialism and Was Comes Next?* Princeton.

Waldrauch, Harald (1996): „Was heißt demokratische Konsolidierung? Über einige theoretische Konsequenzen der osteuropäischen Regimewechsel", in: http://www.ihs.ac.at/publications/pol/pw_36.pdf, 06. 04. 2009

Weber, Max (1976): *Wirtschaft und Gesellschaft*, Tübingen.

Weißenberg, Thomas (2003): *Transformation und Korruption: Eine institutionenökonomische Analyse am Beispiel der Republik Aserbaidschan*, Berlin.

Wezel, Katja (2008): „"Okkupanten" oder "Befreier"? Geteilte Erinnerung und getrennte Geschichtsbilder in Lettland", in: *Osteuropa*, Nr. 6, S. 147-158.

Wiest, Margarete (2006): „Beschränkter Pluralismus: Postkommunistische autoritäre Systeme", in: *Osteuropa*, Nr. 7, S. 65-77.

Winkelmann, Rolf (2007): *Politik und Wirtschaft im Baltikum: Stabilisierung von Demokratie und Marktwirtschaft in Estland, Lettland und Litauen*, Saarbrücken.

## Internetquellen


http://www.andigross.ch/
http://www.armenieninfo.net/
http://www.bertelsmann-stiftung.de/
http://day.az/
http://www.dortmund.ihk24.de/
http://europa.eu/
http://freedomhouse.org/
http://www.mid.ru/
http://www.nato.int/
http://www.president.lv/
http://www.transparency.de/
http://web.worldbank.org/
http://www.constcourt.gov.az/
http://www.satv.tiesa.gov.lv/

# SOVIET AND POST-SOVIET POLITICS AND SOCIETY

Edited by Dr. Andreas Umland

ISSN 1614-3515

1 *Андреас Умланд (ред.)*
Воплощение Европейской конвенции по правам человека в России
Философские, юридические и эмпирические исследования
ISBN 3-89821-387-0

2 *Christian Wipperfürth*
Russland – ein vertrauenswürdiger Partner?
Grundlagen, Hintergründe und Praxis gegenwärtiger russischer Außenpolitik
Mit einem Vorwort von Heinz Timmermann
ISBN 3-89821-401-X

3 *Manja Hussner*
Die Übernahme internationalen Rechts in die russische und deutsche Rechtsordnung
Eine vergleichende Analyse zur Völkerrechtsfreundlichkeit der Verfassungen der Russländischen Föderation und der Bundesrepublik Deutschland
Mit einem Vorwort von Rainer Arnold
ISBN 3-89821-438-9

4 *Matthew Tejada*
Bulgaria's Democratic Consolidation and the Kozloduy Nuclear Power Plant (KNPP)
The Unattainability of Closure
With a foreword by Richard J. Crampton
ISBN 3-89821-439-7

5 *Марк Григорьевич Меерович*
Квадратные метры, определяющие сознание
Государственная жилищная политика в СССР. 1921 – 1941 гг
ISBN 3-89821-474-5

6 *Andrei P. Tsygankov, Pavel A.Tsygankov (Eds.)*
New Directions in Russian International Studies
ISBN 3-89821-422-2

7 *Марк Григорьевич Меерович*
Как власть народ к труду приучала
Жилище в СССР – средство управления людьми. 1917 – 1941 гг.
С предисловием Елены Осокиной
ISBN 3-89821-495-8

8 *David J. Galbreath*
Nation-Building and Minority Politics in Post-Socialist States
Interests, Influence and Identities in Estonia and Latvia
With a foreword by David J. Smith
ISBN 3-89821-467-2

9 *Алексей Юрьевич Безугольный*
Народы Кавказа в Вооруженных силах СССР в годы Великой Отечественной войны 1941-1945 гг.
С предисловием Николая Бугая
ISBN 3-89821-475-3

10 *Вячеслав Лихачев и Владимир Прибыловский (ред.)*
Русское Национальное Единство, 1990-2000. В 2-х томах
ISBN 3-89821-523-7

11 *Николай Бугай (ред.)*
Народы стран Балтии в условиях сталинизма (1940-е – 1950-е годы)
Документированная история
ISBN 3-89821-525-3

12 *Ingmar Bredies (Hrsg.)*
Zur Anatomie der Orange Revolution in der Ukraine
Wechsel des Elitenregimes oder Triumph des Parlamentarismus?
ISBN 3-89821-524-5

13 *Anastasia V. Mitrofanova*
The Politicization of Russian Orthodoxy
Actors and Ideas
With a foreword by William C. Gay
ISBN 3-89821-481-8

14 *Nathan D. Larson*
Alexander Solzhenitsyn and the Russo-Jewish Question
ISBN 3-89821-483-4

15 *Guido Houben*
Kulturpolitik und Ethnizität
Staatliche Kunstförderung im Russland der neunziger Jahre
Mit einem Vorwort von Gert Weisskirchen
ISBN 3-89821-542-3

16 *Leonid Luks*
Der russische „Sonderweg"?
Aufsätze zur neuesten Geschichte Russlands im europäischen Kontext
ISBN 3-89821-496-6

17 *Евгений Мороз*
История «Мёртвой воды» – от страшной сказки к большой политике
Политическое неоязычество в постсоветской России
ISBN 3-89821-551-2

18 *Александр Верховский и Галина Кожевникова (ред.)*
Этническая и религиозная интолерантность в российских СМИ
Результаты мониторинга 2001-2004 гг.
ISBN 3-89821-569-5

19 *Christian Ganzer*
Sowjetisches Erbe und ukrainische Nation
Das Museum der Geschichte des Zaporoger Kosakentums auf der Insel Chortycja
Mit einem Vorwort von Frank Golczewski
ISBN 3-89821-504-0

20 *Эльза-Баир Гучинова*
Помнить нельзя забыть
Антропология депортационной травмы калмыков
С предисловием Кэролайн Хамфри
ISBN 3-89821-506-7

21 *Юлия Лидерман*
Мотивы «проверки» и «испытания» в постсоветской культуре
Советское прошлое в российском кинематографе 1990-х годов
С предисловием Евгения Марголита
ISBN 3-89821-511-3

22 *Tanya Lokshina, Ray Thomas, Mary Mayer (Eds.)*
The Imposition of a Fake Political Settlement in the Northern Caucasus
The 2003 Chechen Presidential Election
ISBN 3-89821-436-2

23 *Timothy McCajor Hall, Rosie Read (Eds.)*
Changes in the Heart of Europe
Recent Ethnographies of Czechs, Slovaks, Roma, and Sorbs
With an afterword by Zdeněk Salzmann
ISBN 3-89821-606-3

24 *Christian Autengruber*
Die politischen Parteien in Bulgarien und Rumänien
Eine vergleichende Analyse seit Beginn der 90er Jahre
Mit einem Vorwort von Dorothée de Nève
ISBN 3-89821-476-1

25 *Annette Freyberg-Inan with Radu Cristescu*
The Ghosts in Our Classrooms, or: John Dewey Meets Ceauşescu
The Promise and the Failures of Civic Education in Romania
ISBN 3-89821-416-8

26 *John B. Dunlop*
The 2002 Dubrovka and 2004 Beslan Hostage Crises
A Critique of Russian Counter-Terrorism
With a foreword by Donald N. Jensen
ISBN 3-89821-608-X

27 *Peter Koller*
Das touristische Potenzial von Kam''janec'–Podil's'kyj
Eine fremdenverkehrsgeographische Untersuchung der Zukunftsperspektiven und Maßnahmenplanung zur Destinationsentwicklung des „ukrainischen Rothenburg"
Mit einem Vorwort von Kristiane Klemm
ISBN 3-89821-640-3

28 *Françoise Daucé, Elisabeth Sieca-Kozlowski (Eds.)*
*Dedovshchina* in the Post-Soviet Military
Hazing of Russian Army Conscripts in a Comparative Perspective
With a foreword by Dale Herspring
ISBN 3-89821-616-0

29 *Florian Strasser*
Zivilgesellschaftliche Einflüsse auf die Orange Revolution
Die gewaltlose Massenbewegung und die ukrainische Wahlkrise 2004
Mit einem Vorwort von Egbert Jahn
ISBN 3-89821-648-9

30 *Rebecca S. Katz*
The Georgian Regime Crisis of 2003-2004
A Case Study in Post-Soviet Media Representation of Politics, Crime and Corruption
ISBN 3-89821-413-3

31 *Vladimir Kantor*
Willkür oder Freiheit
Beiträge zur russischen Geschichtsphilosophie
Ediert von Dagmar Herrmann sowie mit einem Vorwort versehen von Leonid Luks
ISBN 3-89821-589-X

32 *Laura A. Victoir*
The Russian Land Estate Today
A Case Study of Cultural Politics in Post-Soviet Russia
With a foreword by Priscilla Roosevelt
ISBN 3-89821-426-5

33 *Ivan Katchanovski*
Cleft Countries
Regional Political Divisions and Cultures in Post-Soviet Ukraine and Moldova
With a foreword by Francis Fukuyama
ISBN 3-89821-558-X

34 *Florian Mühlfried*
Postsowjetische Feiern
Das Georgische Bankett im Wandel
Mit einem Vorwort von Kevin Tuite
ISBN 3-89821-601-2

35 *Roger Griffin, Werner Loh, Andreas Umland (Eds.)*
Fascism Past and Present, West and East
An International Debate on Concepts and Cases in the Comparative Study of the Extreme Right
With an afterword by Walter Laqueur
ISBN 3-89821-674-8

36 *Sebastian Schlegel*
Der „Weiße Archipel“
Sowjetische Atomstädte 1945-1991
Mit einem Geleitwort von Thomas Bohn
ISBN 3-89821-679-9

37 *Vyacheslav Likhachev*
Political Anti-Semitism in Post-Soviet Russia
Actors and Ideas in 1991-2003
Edited and translated from Russian by Eugene Veklerov
ISBN 3-89821-529-6

38 *Josette Baer (Ed.)*
Preparing Liberty in Central Europe
Political Texts from the Spring of Nations 1848 to the Spring of Prague 1968
With a foreword by Zdeněk V. David
ISBN 3-89821-546-6

39 *Михаил Лукьянов*
Российский консерватизм и реформа, 1907-1914
С предисловием Марка Д. Стейнберга
ISBN 3-89821-503-2

40 *Nicola Melloni*
Market Without Economy
The 1998 Russian Financial Crisis
With a foreword by Eiji Furukawa
ISBN 3-89821-407-9

41 *Dmitrij Chmelnizki*
Die Architektur Stalins
Bd. 1: Studien zu Ideologie und Stil
Bd. 2: Bilddokumentation
Mit einem Vorwort von Bruno Flierl
ISBN 3-89821-515-6

42 *Katja Yafimava*
Post-Soviet Russian-Belarussian Relationships
The Role of Gas Transit Pipelines
With a foreword by Jonathan P. Stern
ISBN 3-89821-655-1

43 *Boris Chavkin*
Verflechtungen der deutschen und russischen Zeitgeschichte
Aufsätze und Archivfunde zu den Beziehungen Deutschlands und der Sowjetunion von 1917 bis 1991
Ediert von Markus Edlinger sowie mit einem Vorwort versehen von Leonid Luks
ISBN 3-89821-756-6

44 *Anastasija Grynenko in Zusammenarbeit mit Claudia Dathe*
Die Terminologie des Gerichtswesens der Ukraine und Deutschlands im Vergleich
Eine übersetzungswissenschaftliche Analyse juristischer Fachbegriffe im Deutschen, Ukrainischen und Russischen
Mit einem Vorwort von Ulrich Hartmann
ISBN 3-89821-691-8

45 *Anton Burkov*
The Impact of the European Convention on Human Rights on Russian Law
Legislation and Application in 1996-2006
With a foreword by Françoise Hampson
ISBN 978-3-89821-639-5

46 *Stina Torjesen, Indra Overland (Eds.)*
International Election Observers in Post-Soviet Azerbaijan
Geopolitical Pawns or Agents of Change?
ISBN 978-3-89821-743-9

47 *Taras Kuzio*
Ukraine – Crimea – Russia
Triangle of Conflict
ISBN 978-3-89821-761-3

48 *Claudia Šabić*
"Ich erinnere mich nicht, aber L'viv!"
Zur Funktion kultureller Faktoren für die Institutionalisierung und Entwicklung einer ukrainischen Region
Mit einem Vorwort von Melanie Tatur
ISBN 978-3-89821-752-1

49 *Marlies Bilz*
Tatarstan in der Transformation
Nationaler Diskurs und Politische Praxis 1988-1994
Mit einem Vorwort von Frank Golczewski
ISBN 978-3-89821-722-4

50 *Марлен Ларюэль (ред.)*
Современные интерпретации русского национализма
ISBN 978-3-89821-795-8

51 *Sonja Schüler*
Die ethnische Dimension der Armut
Roma im postsozialistischen Rumänien
Mit einem Vorwort von Anton Sterbling
ISBN 978-3-89821-776-7

52 *Галина Кожевникова*
Радикальный национализм в России и противодействие ему
Сборник докладов Центра «Сова» за 2004-2007 гг.
С предисловием Александра Верховского
ISBN 978-3-89821-721-7

53 *Галина Кожевникова и Владимир Прибыловский*
Российская власть в биографиях I
Высшие должностные лица РФ в 2004 г.
ISBN 978-3-89821-796-5

54 *Галина Кожевникова и Владимир Прибыловский*
Российская власть в биографиях II
Члены Правительства РФ в 2004 г.
ISBN 978-3-89821-797-2

55 *Галина Кожевникова и Владимир Прибыловский*
Российская власть в биографиях III
Руководители федеральных служб и агентств РФ в 2004 г.
ISBN 978-3-89821-798-9

56 *Ileana Petroniu*
Privatisierung in Transformationsökonomien
Determinanten der Restrukturierungs-Bereitschaft am Beispiel Polens, Rumäniens und der Ukraine
Mit einem Vorwort von Rainer W. Schäfer
ISBN 978-3-89821-790-3

57 *Christian Wipperfürth*
Russland und seine GUS-Nachbarn
Hintergründe, aktuelle Entwicklungen und Konflikte in einer ressourcenreichen Region
ISBN 978-3-89821-801-6

58 *Togzhan Kassenova*
From Antagonism to Partnership
The Uneasy Path of the U.S.-Russian Cooperative Threat Reduction
With a foreword by Christoph Bluth
ISBN 978-3-89821-707-1

59 *Alexander Höllwerth*
Das sakrale eurasische Imperium des Aleksandr Dugin
Eine Diskursanalyse zum postsowjetischen russischen Rechtsextremismus
Mit einem Vorwort von Dirk Uffelmann
ISBN 978-3-89821-813-9

60 *Олег Рябов*
«Россия-Матушка»
Национализм, гендер и война в России XX века
С предисловием Елены Гощило
ISBN 978-3-89821-487-2

61 *Ivan Maistrenko*
Borot'bism
A Chapter in the History of the Ukrainian Revolution
With a new introduction by Chris Ford
Translated by George S. N. Luckyj with the assistance of Ivan L. Rudnytsky
ISBN 978-3-89821-697-5

62 *Maryna Romanets*
Anamorphosic Texts and Reconfigured Visions
Improvised Traditions in Contemporary Ukrainian and Irish Literature
ISBN 978-3-89821-576-3

63 *Paul D'Anieri and Taras Kuzio (Eds.)*
Aspects of the Orange Revolution I
Democratization and Elections in Post-Communist Ukraine
ISBN 978-3-89821-698-2

64 *Bohdan Harasymiw in collaboration with Oleh S. Ilnytzkyj (Eds.)*
Aspects of the Orange Revolution II
Information and Manipulation Strategies in the 2004 Ukrainian Presidential Elections
ISBN 978-3-89821-699-9

65 *Ingmar Bredies, Andreas Umland and Valentin Yakushik (Eds.)*
Aspects of the Orange Revolution III
The Context and Dynamics of the 2004 Ukrainian Presidential Elections
ISBN 978-3-89821-803-0

66 *Ingmar Bredies, Andreas Umland and Valentin Yakushik (Eds.)*
Aspects of the Orange Revolution IV
Foreign Assistance and Civic Action in the 2004 Ukrainian Presidential Elections
ISBN 978-3-89821-808-5

67 *Ingmar Bredies, Andreas Umland and Valentin Yakushik (Eds.)*
Aspects of the Orange Revolution V
Institutional Observation Reports on the 2004 Ukrainian Presidential Elections
ISBN 978-3-89821-809-2

68 *Taras Kuzio (Ed.)*
Aspects of the Orange Revolution VI
Post-Communist Democratic Revolutions in Comparative Perspective
ISBN 978-3-89821-820-7

69 *Tim Bohse*
Autoritarismus statt Selbstverwaltung
Die Transformation der kommunalen Politik in der Stadt Kaliningrad 1990-2005
Mit einem Geleitwort von Stefan Troebst
ISBN 978-3-89821-782-8

70 *David Rupp*
Die Rußländische Föderation und die russischsprachige Minderheit in Lettland
Eine Fallstudie zur Anwaltspolitik Moskaus gegenüber den russophonen Minderheiten im „Nahen Ausland" von 1991 bis 2002
Mit einem Vorwort von Helmut Wagner
ISBN 978-3-89821-778-1

71 *Taras Kuzio*
Theoretical and Comparative Perspectives on Nationalism
New Directions in Cross-Cultural and Post-Communist Studies
With a foreword by Paul Robert Magocsi
ISBN 978-3-89821-815-3

72 *Christine Teichmann*
Die Hochschultransformation im heutigen Osteuropa
Kontinuität und Wandel bei der Entwicklung des postkommunistischen Universitätswesens
Mit einem Vorwort von Oskar Anweiler
ISBN 978-3-89821-842-9

73 *Julia Kusznir*
Der politische Einfluss von Wirtschaftseliten in russischen Regionen
Eine Analyse am Beispiel der Erdöl- und Erdgasindustrie, 1992-2005
Mit einem Vorwort von Wolfgang Eichwede
ISBN 978-3-89821-821-4

74 *Alena Vysotskaya*
Russland, Belarus und die EU-Osterweiterung
Zur Minderheitenfrage und zum Problem der Freizügigkeit des Personenverkehrs
Mit einem Vorwort von Katlijn Malfliet
ISBN 978-3-89821-822-1

75 *Heiko Pleines (Hrsg.)*
Corporate Governance in post-sozialistischen Volkswirtschaften
ISBN 978-3-89821-766-8

76 *Stefan Ihrig*
Wer sind die Moldawier?
Rumänismus versus Moldowanismus in Historiographie und Schulbüchern der Republik Moldova, 1991-2006
Mit einem Vorwort von Holm Sundhaussen
ISBN 978-3-89821-466-7

77 *Galina Kozhevnikova in collaboration with Alexander Verkhovsky and Eugene Veklerov*
Ultra-Nationalism and Hate Crimes in Contemporary Russia
The 2004-2006 Annual Reports of Moscow's SOVA Center
With a foreword by Stephen D. Shenfield
ISBN 978-3-89821-868-9

78 *Florian Küchler*
The Role of the European Union in Moldova's Transnistria Conflict
With a foreword by Christopher Hill
ISBN 978-3-89821-850-4

79 *Bernd Rechel*
The Long Way Back to Europe
Minority Protection in Bulgaria
With a foreword by Richard Crampton
ISBN 978-3-89821-863-4

80 *Peter W. Rodgers*
Nation, Region and History in Post-Communist Transitions
Identity Politics in Ukraine, 1991-2006
With a foreword by Vera Tolz
ISBN 978-3-89821-903-7

81 *Stephanie Solywoda*
The Life and Work of Semen L. Frank
A Study of Russian Religious Philosophy
With a foreword by Philip Walters
ISBN 978-3-89821-457-5

82 *Vera Sokolova*
Cultural Politics of Ethnicity
Discourses on Roma in Communist Czechoslovakia
ISBN 978-3-89821-864-1

83 *Natalya Shevchik Ketenci*
Kazakhstani Enterprises in Transition
The Role of Historical Regional Development in Kazakhstan's Post-Soviet Economic Transformation
ISBN 978-3-89821-831-3

84 *Martin Malek, Anna Schor-Tschudnowskaja (Hrsg.)*
Europa im Tschetschenienkrieg
Zwischen politischer Ohnmacht und Gleichgültigkeit
Mit einem Vorwort von Lipchan Basajewa
ISBN 978-3-89821-676-0

85 *Stefan Meister*
Das postsowjetische Universitätswesen zwischen nationalem und internationalem Wandel
Die Entwicklung der regionalen Hochschule in Russland als Gradmesser der Systemtransformation
Mit einem Vorwort von Joan DeBardeleben
ISBN 978-3-89821-891-7

86 *Konstantin Sheiko in collaboration with Stephen Brown*
Nationalist Imaginings of the Russian Past
Anatolii Fomenko and the Rise of Alternative History in Post-Communist Russia
With a foreword by Donald Ostrowski
ISBN 978-3-89821-915-0

87 *Sabine Jenni*
Wie stark ist das „Einige Russland"?
Zur Parteibindung der Eliten und zum Wahlerfolg der Machtpartei im Dezember 2007
Mit einem Vorwort von Klaus Armingeon
ISBN 978-3-89821-961-7

88 *Thomas Borén*
Meeting-Places of Transformation
Urban Identity, Spatial Representations and Local Politics in Post-Soviet St Petersburg
ISBN 978-3-89821-739-2

89 *Aygul Ashirova*
Stalinismus und Stalin-Kult in Zentralasien
Turkmenistan 1924-1953
Mit einem Vorwort von Leonid Luks
ISBN 978-3-89821-987-7

90 *Leonid Luks*
Freiheit oder imperiale Größe?
Essays zu einem russischen Dilemma
ISBN 978-3-8382-0011-8

91 *Christopher Gilley*
The 'Change of Signposts' in the Ukrainian Emigration
A Contribution to the History of Sovietophilism in the 1920s
With a foreword by Frank Golczewski
ISBN 978-3-89821-965-5

92 *Philipp Casula, Jeronim Perovic (Eds.)*
Identities and Politics During the Putin Presidency
The Discursive Foundations of Russia's Stability
With a foreword by Heiko Haumann
ISBN 978-3-8382-0015-6

93 *Marcel Viëtor*
Europa und die Frage nach seinen Grenzen im Osten
Zur Konstruktion ‚europäischer Identität' in Geschichte und Gegenwart
Mit einem Vorwort von Albrecht Lehmann
ISBN 978-3-8382-0045-3

94 *Ben Hellman, Andrei Rogachevskii*
Filming the Unfilmable
Casper Wrede's 'One Day in the Life of Ivan Denisovich'
ISBN 978-3-8382-0044-6

95 *Eva Fuchslocher*
Vaterland, Sprache, Glaube
Orthodoxie und Nationenbildung am Beispiel Georgiens
Mit einem Vorwort von Christina von Braun
ISBN 978-3-89821-884-9

96 *Vladimir Kantor*
Das Westlertum und der Weg Russlands
Zur Entwicklung der russischen Literatur und Philosophie
Ediert von Dagmar Herrmann
Mit einem Beitrag von Nikolaus Lobkowicz
ISBN 978-3-8382-0102-3

97 *Kamran Musayev*
Die postsowjetische Transformation im Baltikum und Südkaukasus
Eine vergleichende Untersuchung der politischen Entwicklung Lettlands und Aserbaidschans 1985-2009
Mit einem Vorwort von Leonid Luks
Ediert von Sandro Henschel
ISBN 978-3-8382-0103-0

## Quotes from reviews of SPPS volumes:

On vol. 1 – *The Implementation of the ECHR in Russia*: "Full of examples, experiences and valuable observations which could provide the basis for new strategies."

**Diana Schmidt**, *Neprikosnovennyi zapas*

On vol. 2 – *Putins Russland*: "Wipperfürth draws attention to little known facts. For instance, the Russians have still more positive feelings towards Germany than to any other non-Slavic country."

**Oldag Kaspar**, *Süddeutsche Zeitung*

On vol. 3 – *Die Übernahme internationalen Rechts in die russische Rechtsordnung*: "Hussner's is an interesting, detailed and, at the same time, focused study which deals with all relevant aspects and contains insights into contemporary Russian legal thought."

**Herbert Küpper**, *Jahrbuch für Ostrecht*

On vol. 5 – *Квадратные метры, определяющие сознание*: "Meerovich provides a study that will be of considerable value to housing specialists and policy analysts."

**Christina Varga-Harris**, *Slavic Review*

On vol. 6 – *New Directions in Russian International Studies*: "A helpful step in the direction of an overdue dialogue between Western and Russian IR scholarly communities."

**Diana Schmidt**, *Europe-Asia Studies*

On vol. 8 – *Nation-Building and Minority Politics in Post-Socialist States:* "Galbreath's book is an admirable and craftsmanlike piece of work, and should be read by all specialists interested in the Baltic area."

**Andrejs Plakans**, *Slavic Review*

On vol. 9 – *Народы Кавказа в Вооружённых силах СССР:* "In this superb new book, Bezugolnyi skillfully fashions an accurate and candid record of how and why the Soviet Union mobilized and employed the various ethnic groups in the Caucasus region in the Red Army's World War II effort."

**David J. Glantz**, *Journal of Slavic Military Studies*

On vol. 10 – *Русское Национальное Единство*: "A work that is likely to remain the definitive study of the Russian National Unity for a very long time."

**Mischa Gabowitsch**, *e-Extreme*

On vol. 14 – *Aleksandr Solzhenitsyn and the Modern Russo-Jewish Question*: "Larson has written a well-balanced survey of Solzhenitsyn's writings on Russian-Jewish relations."

**Nikolai Butkevich**, *e-Extreme*

On vol. 16 – *Der russische "Sonderweg"?:* "Luks's remarkable knowledge of the history of this wide territory from the Elbe to the Pacific Ocean and his life experience give his observations a particular sharpness and his judgements an exceptional weight."

**Peter Krupnikow**, *Mitteilungen aus dem baltischen Leben*

On vol. 17 – *История «Мёртвой воды»*: "Moroz provides one of the best available surveys of Russian neo-paganism."

**Mischa Gabowitsch**, *e-Extreme*

On vol. 18 – *Этническая и религиозная интолерантность в российских СМИ*: "A constructive contribution to a crucial debate about media-endorsed intolerance which has once again flared up in Russia."

**Mischa Gabowitsch**, *e-Extreme*

On vol. 25 – *The Ghosts in Our Classroom*: "Inan-Freyberg's well-researched and incisive monograph, balanced and informed about Romanian education in general, should be required reading for those Eurocrats who have shaped Romanian spending priorities since 2000."

**Tom Gallagher**, *Slavic Review*

On vol. 26 – *The 2002 Dubrovka and 2004 Beslan Hostage Crises:* "Dunlop's analysis will help to draw Western attention to the plight of those who have suffered by these terrorist acts, and the importance, for all Russians, of uncovering the truth of about what happened."

**Amy Knight**, *Times Literary Supplement*

On vol. 29 – *Zivilgesellschaftliche Einflüsse auf die Orange Revolution*: "Strasser's study constitutes an outstanding empirical analysis and well-grounded location of the subject within theory."

**Heiko Pleines**, *Osteuropa*

On vol. 33 – *Cleft Countries*: "Katchanovski succeeds in crafting a convincing and well-supported set of arguments and his research certainly constitutes a step forward in dealing with the notoriously thorny concept of political culture."

**Thomas E. Rotnem**, *Political Studies Review*

On vol. 34 – *Postsowjetische Feiern*: "Mühlfried's book contains not only a solid ethnographic study, but also points at some problems emerging from Georgia's prevalent understanding of culture."

**Godula Kosack**, *Anthropos*

On vol. 35 – *Fascism Past and Present, West and East*: "Committed students will find much of interest in these sometimes barbed exchanges."

**Robert Paxton**, *Journal of Global History*

On vol. 37 – *Political Anti-Semitism in Post-Soviet Russia*: "Likhachev's book serves as a reliable compendium and a good starting point for future research on post-Soviet xenophobia and ultra-nationalist politics, with their accompanying anti-Semitism."

**Kathleen Mikkelson**, *Demokratizatsiya*

On vol. 39 – *Российский консерватизм и реформа 1907-1914*: "Luk'ianov's work is a well-researched, informative and valuable addition, and enhances our understanding of politics in late imperial Russia."

**Matthew Rendle**, *Revolutionary Russia*

On vol. 43 – *Verflechtungen der deutschen und russischen Zeitgeschichte:* "Khavkin's book should be of interest to everybody studying German-Soviet relations and highlights new aspects in that field."

**Wiebke Bachmann**, *Osteuropa*

On vol. 50 – *Современные интерпретации русского национализма*: "This thought-provoking and enlightening set of works offers valuable insights for anyone interested in understanding existing expressions and interpretations of Russian nationalism."

**Andrew Konitzer**, *The Russian Review*

On vol. 57 – *Russland und seine GUS-Nachbarn*: "Wipperfürth's enlightening and objective analysis documents detailed background knowledge and understanding of complex relationships. "

**Julia Schatte**, *Eurasisches Magazin*

On vol. 59 – *Das sakrale eurasische Imperium des Aleksandr Dugin*: "Höllwerth's outstanding 700-page dissertation is certainly the, so far, most ambitious attempt to decipher Dugin's body of thought."

**Tanja Fichtner**, *Osteuropa*

On vol. 80 – *Nation, Region and History in Post-Communist Transition*: "Rodgers provides with his analysis an important contribution to a specific view on Ukraine."

**Marinke Gindullis**, *Zeitschrift für Politikwissenschaft*

## *Series Subscription*

Please enter my subscription to the series *Soviet and Post-Soviet Politics and Society*, ISSN 1614-3515, as follows:

❐ complete series OR ❐ English-language titles
❐ German-language titles
❐ Russian-language titles

starting with
❐ volume # 1
❐ volume # ___
❐ please also include the following volumes: #___, ___, ___, ___, ___, ___, ___
❐ the next volume being published
❐ please also include the following volumes: #___, ___, ___, ___, ___, ___, ___

❐ 1 copy per volume OR ❐ ___ copies per volume

Subscription within Germany:

You will receive every volume at 1st publication at the regular bookseller's price – incl. s & h and VAT.

Payment:

❐ Please bill me for every volume.

❐ Lastschriftverfahren: Ich/wir ermächtige(n) Sie hiermit widerruflich, den Rechnungsbetrag je Band von meinem/unserem folgendem Konto einzuziehen.

Kontoinhaber: ____________________ Kreditinstitut: ____________________
Kontonummer: ____________________ Bankleitzahl: ____________________

International Subscription:

Payment (incl. s & h and VAT) in advance for
❐ 10 volumes/copies (€ 319.80) ❐ 20 volumes/copies (€ 599.80)
❐ 40 volumes/copies (€ 1,099.80)

Please send my books to:

NAME____________________ DEPARTMENT____________________
ADDRESS ____________________
POST/ZIP CODE____________________ COUNTRY ____________________
TELEPHONE ____________________ EMAIL____________________

date/signature____________________

A hint for librarians in the former Soviet Union: Your academic library might be eligible to receive free-of-cost scholarly literature from Germany via the German Research Foundation. For Russian-language information on this program, see
http://www.dfg.de/forschungsfoerderung/formulare/download/12_54.pdf.

Please fax to: **0511 / 262 2201 (+49 511 262 2201)**
or mail to: *ibidem*-Verlag, Julius-Leber-Weg 11, D-30457 Hannover,Germany
or send an e-mail: ibidem@ibidem-verlag.de

***ibidem*-Verlag**

Melchiorstr. 15

D-70439 Stuttgart

info@ibidem-verlag.de

www.ibidem-verlag.de
www.ibidem.eu
www.edition-noema.de
www.autorenbetreuung.de

Zeitfracht Medien GmbH
Ferdinand-Jühlke-Straße 7
99095 Erfurt, Deutschland
produktsicherheit@kolibri360.de